大医宗师
——中山医八大教授

陈小卡　王斌　徐劲 ◎ 编著

中山大学出版社
·广州·

版权所有　翻印必究

图书在版编目（CIP）数据

大医宗师：中山医八大教授/陈小卡，王斌，徐劲编著. —广州：中山大学出版社，2018.12

ISBN 978-7-306-06484-4

Ⅰ. ①大… Ⅱ. ①陈…②王…③徐… Ⅲ. ①广州医学院—优秀教师—先进事迹 Ⅳ. ①K825.46

中国版本图书馆 CIP 数据核字（2018）第 265782 号

出 版 人：王天琪
策划编辑：钟永源
责任编辑：钟永源
封面设计：曾　斌
责任校对：周明恩
责任技编：黄少伟
出版发行：中山大学出版社
电　　话：编辑部 020-84111996，84113349，84111997，84110779
　　　　　发行部 020-84111998，84111981，84111160
地　　址：广州市新港西路 135 号
邮　　编：510275　　　　传　真：020-84036565
网　　址：http://www.zsup.com.cn　E-mail:zdcbs@mail.sysu.edu.cn
印 刷 者：广州家联印刷有限公司
规　　格：787mm×1092mm　1/16　13.50 印张　256 千字
版次印次：2018 年 12 月第 1 版　2018 年 12 月第 1 次印刷
定　　价：198.00 元

如发现本书因印装质量影响阅读，请与出版社发行部联系调换

前　言

1956年12月1日，中共广东省委文化教育部受国家卫生部9月30日发函（卫人字第820号）委托，发文（教发字486号）认定广州医学院谢志光、梁伯强、陈耀真、陈心陶、林树模、秦光煜、钟世藩、周寿恺八位先生为一级教授。他们是中华人民共和国首批认定的一级教授中的八位。

他们所在的学校，也就是今天中山大学医科的前身，其开端可追溯至创办于1866年的博济医院的西医学校，是我国最早的西医学府，后来发展为岭南大学医学院。1908年春，广东光华医学堂成立，后来发展为广东光华医学院。1909年春，广东公医学堂成立，后来发展为中山大学医学院。20世纪50年代全国高等学校院系调整，这三所医学院于1953年至1954年间先后合并组成华南医学院。新组建的华南医学院，集三院优势，群英荟萃，名家云集，拥有合称"八大教授"的谢志光、梁伯强、陈耀真、陈心陶、林树模、秦光煜、钟世藩、周寿恺八位一代医学宗师。1956年，华南医学院曾一度易名"广州医学院"。然而，又经历了华南医学院、广州医学院、中山医学院、中山医科大学等发展时期。2001年，中山医科大学与中山大学合并，组建成新的中山大学。

这八位一级教授为学校的辉煌发展做出了卓越奉献，也为中国医科教育与中国医学事业做出了独特贡献，成为一代大医名家、医学宗师。他们的以身作则、率先垂范、实践力行，对今天中山大学医科仍影响巨大的办学方法的形成、教医研的发展和"三基三严"学风的奠定，迎来了医科历史上的辉煌。

本书参考了陈小卡、王斌主编的《中山大学医科鉴录》与广东广播电视台拍摄播出的《大医精诚》中有关"八大教授"的内容，撰写全书各篇，试图展现八位大医宗师的卓越贡献、感人事迹、宗师风范。

我们以掌握的图文资料分篇概述成八位大医宗师的志传；再以包括他们的亲友、同事、学生以及与他们的事业相关的人物和知情者的口述追忆，力求全面多维地展示八位大师的风范。书中还载述了展现"八大教授"成就的舞台——中山大学医科，简介他们产生过重大影响的医科重点学科，显现他们所取得成就的独特历史背景与在中国现代医学中独有的学科地位和学术意义。

书中的忆述部分，尽量保留忆述者的原述内容、口语特点、语句结构、语气风格和表述情态，以便更真切地显现八大教授的各自特征及所处的历史背景。

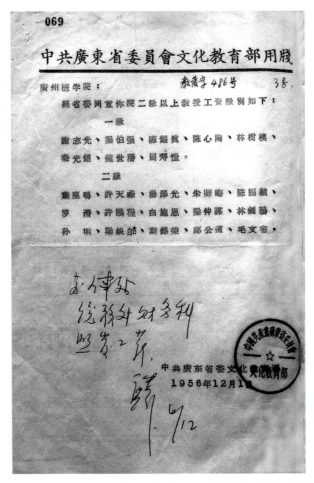

1956年12月1日，广东省委文教部关于一级教授工资级别的批复

目　　录

云山珠水杏林风 ………………………………………………………… 1

梁伯强篇 ………………………………………………………………… 43

林树模篇 ………………………………………………………………… 63

陈耀真篇 ………………………………………………………………… 79

谢志光篇 ………………………………………………………………… 97

钟世藩篇 ………………………………………………………………… 113

秦光煜篇 ………………………………………………………………… 129

陈心陶篇 ………………………………………………………………… 147

周寿恺篇 ………………………………………………………………… 165

附录一　主要忆述者 …………………………………………………… 182

附录一　受八大教授重大影响的医学学科 …………………………… 185

参考文献及资料 ………………………………………………………… 204

云山珠水杏林风

　　20世纪50年代开始，闻名于中国医坛的"八大教授"，风云际会于珠江河畔白云山下，汇聚于为他们提供历史舞台的学校，也就是今天中山大学医科教育的前身华南医学院，一起书写了一段属于中国医科的辉煌，留下了"八大教授"之誉。

　　中山大学医科教育始发于云山珠水间的广州，这里自古以来就是中外海上贸易与文化交流的大港。清代乾隆二十二年至鸦片战争，这里更成为中国唯一的对外通商口岸，因而最先接触到近代传入中国的西方科学文化。开放兼容，成为以广州为地域文化中心的岭南文化的鲜明特色，并使岭南文化化育下的这方水土的人们较易接受西方先进文化。中国传统社会晚期的统治者闭关自守，排拒西方文化，但对西方医学传入限制却相对宽松。来华传教的西方基督教传教士又擅以行医辅助传教，以得民心。这使西方医学先于其他西方科学学科传入中国。中国近代西医教育，在这样独特的历史地理与历史人文条件下诞生，并成为中山大学医科教育的滥觞。中山大学医科教育发端三源——岭南大学医学院、中山大学医学院和广东光华医学院，展示了中山大学医科教育发展初期的办学特征，亦展现了中国近代西医之缘起与中国西医医校的开端。

　　中华人民共和国成立后的1953年至1954年间，根据国家高等院校调整的精神，上述三所医学院校合并成新的华南医学院，新的医学院集中三校优势，迎来大发展时期。然而，又经历了华南医学院、广州医学院、中山医学院、中山医科大学、中山大学等发展时期，中山大学医科教育发展道路完全与当代中国医学教育发展历程相一致。2001年，中山医科大学与中山大学合并，组建成新的中山大学。中山大学医科教育进入依托综合大学发展的新时期。中山大学医科教育延伸脉络与中国近代以来西医教育的沿革变迁相重合，共沧桑，同辉煌，共有中国近现代西医教育从起源到发展的所有特点，展现一路走来的各历史时期的波折与辉煌，在中国近现代医学及医校教育上有着特殊地位。其深积厚淀的历史，为八大教授取得辉映中国医学界的成就提供了得天独厚的文化氛围与成功环境。早已闻名中外的这八位教授，自20世纪50年代，依托所在学校，贡献出影响中外的卓著成就，助使学校高居国内在海外较有影响的中国医科院校之首。他们以身作则、率先垂范、实践力行，促成了医科办学方法的形成、教医研的发展和"三基三严"学风的奠定，迎来了医科历史的辉煌，对今天的医科仍影响巨大。

我们在详细叙述这八位教授的功业之前，首先展示为他们提供历史舞台的学校，也就是展示今天中山大学医科教育之缘起、发展和变迁。同时，亦展现八位大医宗师如何与这所学校共辉煌，同际遇，历风云沧桑，依托所在学校成就一番影响中外的耀目事业，为学校赢得荣耀，对中国医学及其教育事业做出贡献。

一、创建发展时期

中山大学医科之缘起，可追溯至1866年在博济医院内开办的医校。这所医校后来发展为岭南大学医学院，它与创建于1909年的后来发展为中山大学医学院的广东公医医学专门学校、始建于1908年的后来发展为广东光华医学院的广东光华医学堂，成为中山大学医科的三大源头。

（一）岭南大学医学院

岭南大学医学院前身为由美国传教士医师嘉约翰（John Glasgow Kerr, 1824—1901）于1866年在博济医院内开办的医校。这是中国的第一间西医学府。博济医院的前身——新豆栏医局创办于1835年11月，由美国传教士医师伯驾（Peter Parker）在广州创建。伯驾后来将医院交由嘉约翰主管。嘉约翰后来在广州谷埠购得地皮一块，重建医院，定名博济医院。1866年，他在博济医院建校开班办学。以科学为基础的西方医学，为中国医学及其教育传授方式带来了根本性改变，中国医学史翻开了新的篇章，中国医学开始走向现代化的根本性改变。1879年，医校首招女生，开我国近代以来女子学习西医的先河。1886年，孙中山以"逸仙"之名入校学医，并从事革命活动。学校后来停办。1930年6月2日，医学传道会举行年会，决议将博济医院交岭南大学接办，此决议为岭南大学所接受。岭南大学于1901年至1912年，曾办医学预科。移交手续于1930年7月23日正式举行，博济医院的全部财产和所有权由广州医学传道会移交给岭南大学校董事会，医院归属"岭南大学医学院（筹）"。国民政府批给建筑及开办的经费，另每年补助经费。1934年，岭南大学董事会提出，孙逸仙博士与博济医院有密切关系，以其生前对博济医院的关怀，有必要纪念其功绩，成立孙逸仙博士纪念医学院筹备委员会。1935年11月2日，举行博济医院成立100周年暨孙中山先生开始学医并从事革命运动50周年纪念活动，举行"孙逸仙博士开始学医及革命运动策源地"纪念碑揭幕和"医学院大楼"奠基仪式。1936 年，创办于 1899 年的夏葛医学院经协商并入岭南大学，为大学开办医学院起了重要的推动作用。同年，正式成立孙逸仙博士纪念医学院，为岭南大学所属学院之一，又称岭南大学医学院，学制 6 年，由黄雯任院长。抗日战争时期，该院曾先后迁至香港、广东曲江等地办学，于 1946 年迁回广州。

1. 中国近代西医教育的雏形

中山大学医科的发端可追溯到 1835 年，传教医师伯驾（Peter Parker，1804—1888）在广州十三行新豆栏街租得楼房，开办"眼科医局"（又称新豆栏医局）。该楼共 3 层，首层为地窖，第二层为候诊室、诊室及药房，第三层为手术室以及可容 2～3 人的留医室。后因病人增多，于次年春获当时广州巨贾怡和行行商伍秉鉴（伍敦元）捐赠，将租丰泰行 7 号一座三层楼房改为扩充业务院舍。取名"眼科医局"的这所医院最初坐落在广州城外西南方的外商社区中，规模不小，设有接待室、诊断室、配药室、手术室、观察室等，候诊室可以容纳 200 多人，病房可以容纳 40 多人，规模超过了 1828 年郭雷枢在广州开办的诊所，具备一间近代化综合医院的诸元素，大量医治各科疾病。实际上，新豆栏医局已完全超越专科医院工作范围，成为中国近代最早出现的现代综合医院。

伯驾在广州开办眼科医局的次年（1836 年），以带徒弟的方式，训练了 3 名中国医助，除做眼科手术外，兼做外科手术，其中，关韬在做白内障手术方面颇负盛名。嘉约翰也收授苏道明成为眼科割治专家。合信、黄宽等均收授生徒。为了引进最新医学技术，伯驾利用每次回国的机会，到处参观医院、遍访名医。他在 1841 年初次返国时，就花了将近半年时间前往英、法两国，向伦敦、巴黎的许多名医交流请教，考察范围包括医学教育。伯驾训练了一批中国助手，前后大约共有 10 人。培养的中国医护人才中，以大弟子关韬最有成就。关韬好几次在伯驾有事出门期间能够独当一面，病人并不因此而减少。1837 年，经伯驾挑选，一些中国青年开始跟他学习医药学和英文，并在医院帮助做配药以及手术助手方面的工作。

2. 创建中国近代第一间西医校

1855 年，医院由美国传教士医生嘉约翰接办。1856 年，医院遭焚毁而停办。1858 年年底，嘉约翰在南郊增沙街（南关）租下一住宅，加以改造和装修，成为医院。1859 年 5 月，医院重新开业。得中外慈善事业家捐赠，医院在谷埠购得地皮一块，以扩大医院规模。新址自 1863 年进行基建，到 1866 年完成，于同年 10 月开诊收治病人。医院正式定名为博济医院（The Canton Hospital）。

医院经嘉约翰主办10年，已具相当规模，医局设备好，医师力量强，医疗水平高。经过历届收授生徒，特别是1861年和1863年的两届生徒培训，已经具备开办医学班的条件。于是，在博济医院建院30周年的1865年，筹办在博济医院正式办学。医院所办西医校附设于博济医局，首届招生8人，学制3年。黄宽被聘到该校任教，与嘉约翰共同负责教学工作。1866年，开办医学堂，创建中国近代第一间西医校，开始系统授课、见习和实习，传播西方医学，对外扩大招生，培养医学人才。1868年，学生增至12人，每周逢星期三、六进行课堂讲授，星期一、五出门诊学习诊治，星期二、四在手术室学习手术割治。学生参与医院日常事务、施药、一般手术割治等助手工作。黄宽担任解剖学、生理学和外科学课程；嘉约翰执教药物学、化学；关韬负责临床各科教学。开班第二年，曾在校内示范解剖尸体1具，由黄宽执刀。嘉约翰也曾在院中示范解剖尸体。

博济医院所办西医校开班初时只有男生，1879年，博济医院所办西医校应真光女校学生的请求，接收2名女生入学，是为该学堂招收女生之始，亦是中国培训女医生及男女同校之始。1885年，博济医院所办西医校增加讲课和实习时间，充实教学内容，仍为3年学制。

1886年秋，20岁的孙中山（1866—1925），以'逸仙'之名就读博济医院所办西医校。1887年（光绪十三年）9月，孙中山转学到香港西医书院。

3. 开办南华医学堂

1897年，医学堂有男生25人，女生6人。同年，学制改为4年。西医传播对清政府传统医学教育的影响逐渐增大，如1898年（光绪二十四年），光绪皇帝下有谕旨："又谕，孙家鼐奏，请设医学堂等语，医学一门，关系重大，亟应另设医学堂，考求中西医理，归大学堂兼辖，以期医学精进，即着孙家鼐详拟办法具奏。"1899年，博济医院和博济医院所办西医校交由关约翰（John M. Swan）主管。1901年，博济医院成立正规医校，建设独立校舍。新校舍于1902年建成，为广州当时的新式楼宇，命名为南华医学堂。1907，有外籍教师7人，中国教师6人，在校肄业学生达50人。1909年春，该校学生反对校方的不合理举措，实行罢课。美籍负责人施行高压手段，开除领导学潮的学生，学生仍坚持不复课，1911年校方便将学校停办。

从博济医院办医校到南华医学堂办学45年，先后共培养毕业生120多人。他们主要分布在华南各地，有一部分在其他省区，小部分在国外，为医药卫生和医学教育事业服务，为中国早期培养西医师，促进西方医学文化和中华文化交汇融合，推进了西医中国化。

4. 夏葛女医学校的创立和变迁

（1）广东女子医学校的诞生。广东女子医学校创办者是美国女医生富玛利（Mary Hannah Fulton，1854—1927）。她受美国长老会派遣来到广州。1899年，富玛利带领3名教师、2名学生，在广州西关存善大街长老会礼堂赠医所筹办中国最早的一间女医校——广东女子医学校，作为教学施医的基地，专门招收女生。1900年11月，长老会一支会礼拜堂在西关多宝大街尾落成，便借用该堂首层作校舍，广东女子医学校正式挂牌。1900年，第二届招生3名，学制4年，以粤语授课。1901年，建成女医院首座楼房，以捐款建楼的美国纽约布鲁克林教堂的牧师戴维·柔济（David Gregg）的中文译名，命名为柔济医院。

（2）广东夏葛女医学校的创立。1902年，美国人士夏葛（E. A. K. Hackett）先生捐款，在逢源中约建设新校舍，与柔济医院为邻。校舍建成，再捐款建学舍楼2座。为纪念捐款者，女医校以夏葛命名，称广东夏葛女医学校。夏葛女医学校在护士教育方面先行，较早建立附属护士学校。1904年，开办看护使学校，美国人端拿（Charles Turner）女士捐款购地建楼，便命名为端拿看护使学校（特纳护士学校，Turner Training School For Nurses）。第一位护士毕业生李凤珍女士是由于患病来医院就医，病好后，在富玛利的反复劝说下方才愿意来校学习。特纳护士学校学制开始时定为2年，1915年起改为3年。开设的主要科目，第一年有人体学、功能学、卫生学、药科学、护病初级、医院规矩、看护礼法，第二年有卷带缠法、产科护法、揉捏法、小儿护法，第三年有料理大割症、割症之先后护理、五官护理法、剖腹护理法等。学科设置比较齐全，而且以上各科皆有医生讲解指导。一些教会开办的医学院都先后建立相配套的护士学校，但是护士的数量总体还是偏低。根据有关资料统计，到1919年，全国的护士总人数不超过150人，甚至某些医院根本就没有护士，病人纯粹由他们的亲戚或仆人来照顾。特纳护士学校的学生多为广东本地人。据统计，从1906年第一届毕业生到1936年，共有27届共197人。其中，广东本地人178人，福建13人，广西2人，浙江、四川、江西、山西各1人。这所护士学校的创立，进一步健全了广州地区的医学教育门类。

夏葛女医校仿效美国医学教育模式，建立自己的办学机制，医校、医院、护校三位一体，统一管理，具备培养医生、护士，开展医疗服务的整体功能。该院专门收治妇女儿童病人，成为妇产科、小儿科专科医院的雏形。当时，医院有病房2座，床位30张，规模较小，设备简陋，妇产科医务人员缺乏，妇产科业务以产科为主。由于迷信思想作祟，很多人不愿入医院分娩，贫家妇女限于经济能力，住院分娩者更少。据 1910 年柔济医院记录，全年接产仅 52 人，院外接生 82 人，难产产妇 38 人，其中较大、较困难的手术多由外籍外科医生施行。学生通过课本、模型、实验、临床见习等方面在课室、实验室、医院及门诊完成其学习课程，随着学程的改变，所修课程逐年增加。1911 年，女医校已培养 9 届毕业生共 44 人，端拿护校培养 4 届毕业生共 12 人。截至 1911 年，广东夏葛女子医学堂培养 44 名毕业生。民国元年（1912），孙中山曾到该校及其附属的柔济医院视察。

（3）更名为夏葛医科大学。夏葛女医学校仿照美国医学教育模式办学、管理学校和组织教学。校院财产全属北美长老会，委托中国南部西差会所选的董事组成董事会管理，由董事会授权教员医生组成的执行部处理校院一切事务。夏葛女医学校入学标准低，入学学生不必具有高中毕业程度。主要教师是美国医学博士。

1921 年，凭借广东教育事业的兴盛，全国教育会联合会第七次代表大会在广州举行。各医学院校均不失时机地修订章程，延长学制，增加课程内容，改进教学，完善学校的组织机构和管理制度，建立自己的办学模式，初步形成广东高等西医教育的基本格局。同年，受广东的形势影响，夏葛女医校当局修订章程，改名为夏葛医科大学，学制由 4 年延长到 6 年，预科 1 年，本科教学 5 年，其中第 5 年实习。

（4）定名为私立夏葛医学院。夏葛医科大学董事会于 1929 年 3 月 10 日召开董事会议，决定从 1930 年起将学校移交中国人办理，由王怀乐医师出任校长，并向国民政府教育部申请立案。1932 年 12 月准予立案，定名为私立夏葛医学院，同时废预科，改为本科 6 年，实习 1 年，共 7 年。1932 年起兼收男生，以期扩大医学教育规模。夏葛医学院虽交归中国人管理，但经费由美国长老会控制，实权还是掌握在外国人手里。

（5）归并岭南大学。夏葛医学院自创办至 1935 年以来共毕业 31 届学生，人数 246 人，全是女生。毕业生分布在全国各地，以及新加坡、爪哇、美国、英国、法国等地。其中，罗芳云、关相和、王德馨、梁毅文毕业后在不同时期担任了该院领导工作。华南地区的大部分女医生多由此学校培训出来，并为近代中国女性提供了比较全面的医学服务。民国二十五年（1936）7 月，该院归并岭南大学，改称为夏葛医学中心，并迁址于长堤博济医院内。

5. 岭南大学医学院的建立

1929 年 8 月 29 日，教育部颁布了《私立学校规程》，私立学校立案后受主管机关的监督和指导，其组织课程及其他一切事项，须遵照现行教育法令办理。学校如为外国人所设，必须由中国人任校长；如为宗教团体所设，不得以宗教科目为必修科，不得在课内作宗教宣传。多数教会学校开始按此条例办理。

1930年6月2日，医学传道会举行年会，决议将博济医院转交给岭南大学，此决议为岭南大学所接受。接办之前，岭南大学于1901年至1912年，曾办医学预科，1914年又成立护士学校。移交手续于1930年7月23日正式举行，博济医院的全部财产和所有权由广州医学传道会（Canton Medical Missionary Society）移交给岭南大学校董事会，医院归属"岭南大学医学院（筹）"。国民政府批给建筑及开办经费国币50万元；另每年补助经费10万元。

1934年，岭南大学董事会提出，孙逸仙博士与博济医院有密切关系，以其生前对博济医院的关怀，有必要纪念其功绩。遂成立孙逸仙博士纪念医学院筹备委员会，推举孙科、孔祥熙、褚民谊、何东、黄雯、黄启明、金湘帆、林逸民、钟荣光诸先生为委员；再设立计划委员会，以刘瑞恒、赵士卿、伍连德、林可胜、黄雯、王怀乐、陈元觉、马士敦、胡美诸先生为委员。1934年，对旧病房实行大改造，在医院后座新建一座4层楼建筑。1934年6月，博济医院在原址扩建的一座占地面积77井（854平方米）、三合土（混凝土）构造的4层大楼落成启用。至1937年1月全部竣工时，已在南面加建6层楼房1座。原4层大楼亦加至6层，地下为院长室、注册室、事务室、会议室、大礼堂、图书室、阅书室等；5楼为解剖学科；4楼为生理学科、药理学科；3楼为病理学科、细菌学科；2楼为生物化学科、寄生虫学科。每科均设有授课室、学生实验室、教员研究室及办公室等。天台建有小型动物室，以作饲养试验动物之用。

1935年11月2日，举行博济医院成立100周年暨孙中山先生开始学医并从事革命运动50周年纪念活动，由孙科主持，为"孙逸仙博士开始学医及革命运动策源地"纪念碑揭幕和"医学院大楼"奠基举行仪式。当时，黄雯任院长，有教授6人、副教授6人、讲师12人、助教15人、学生87人。中华医学会以博济医院为中国西医学术发源地，特于11月2日至8日在博济医院举行第三届全国代表大会，以示庆贺；医院也易名为"中山纪念博济医院"。

1936年9月，孙逸仙博士纪念医学院正式成立。医学院共有5个系：解剖系（包括组织学和胚胎学）、物理学系（包括生物化学）、细菌学系（包括寄生虫和病理学）、药理学系、公共医疗系。岭南大学医学院的一切规章制度，均遵照教育部颁发的章程办理，定学制为本科5年，实习1年，共6年。第一、二、三年为基本各科；第四、五年所习为临床各科；第六年留院实习。第一年基本学科有生物学、化学等。为利用设备完善及师资便利起见，在岭南大学上课，其余均在医学院授课。临床实习分别在博济及柔济两医院进行。公共卫生实习由学院卫生事业部安排。据院方称"本年（1936 年）一二年级之学生程度，实可称满意；盖该二级学生课目，除解剖学科外，全由岭南大学文理学院担任教授，使学生程度得以提高；至於解剖学科地址，则以五楼全座拨用，并特聘专任教授二名，助教一名，联同担任；人才极感充足"。

孙逸仙博士纪念医学院设附属机构：博济医院（有病床 150 张）和柔济医院（有病床 150 张）。博济医院内设有高级护士学校，学制为预科 3 个月，本科 3 年，1936 年有学生 38 名。另有卫生保健机构三处：一处是博济分院（在岭南大学内，有病床 20 张），一处在广州河南新村，一处在从化县和睦圩。同时，在岭南校园内设立了专门为农民服务的赠医所。附属机构收治的病人为学生临床实习提供了较好的教学条件。

由于夏葛医学院一直与博济医院有合作关系，在博济医院移交给岭南大学后，夏葛医学院也考虑与岭南大学合并。1933 年 5 月，通过了合并计划。1936 年 7 月 1 日，夏葛医学院正式将行政和设备移交岭南大学医学院。

（二）广东光华医学院

广东光华医学院前身为始建于 1908 年春的广东光华医学堂，于 1912 年更名为私立广东光华医学专门学校。1928 年，曾改名为私立广东光华医科大学。1929 年，更名为私立广东光华医学院。

1. 建校的时代背景

广东地处东南沿海，得风气之先。19 世纪中叶以前，广州是中国唯一的对外通关、通商口岸，西方医术的传入和传播也因此得到便利。1805 年，广州流行天花，西方的种牛痘术首次在民众中显示作用，使广东人较早地认识了西医的长处，开始向西医问学，出现了最早的出洋学医之士。在众多出洋学子中，有后来首任光华医学专门学校校长的郑豪博士。他早年在美国半工半读完成西医学业，1904 年获得加州大学医学博士学位，并考取三藩市行医执照，成为美国加州第一位华人西医。

广东是西方列强来华的最早登陆口，列强从这里开始进侵中国时，广东人民对其进行了最早的抗击，形成了广东人反抗外敌欺辱的斗争传统，学习包括医学在内的西方科学以实现民族自强成为当地风气，加上当地受过西医教育的人渐多，这一切促使一种新的西医教育类型先于全国各地在广东出现。这就是不同于"外办外教"和"官办外教"的第三种西医教育类型——"民办自教"型的西医学校。

1901年，清政府发动"新政"运动，教育上提倡仿效西方模式兴办学校。1905年，又进而宣布"废科举，兴学堂"，结束了已沿用1300多年的科举选士传统，转从近代新式学堂取才，推动我国传统教育体制向西方近代教育体制转变，是中国近代人才培养与选拔制度的划时代变化。"学校"的创立与发展，形成了中国近代高等教育的雏形。"新政"期间，清政府颁布了《壬寅学制》和《癸卯学制》，要求在学校系统中设立不同于"国医"的西医学科，分医学门和药学门，并且让外国人享有"在内地设立学校，毋庸立案"的特权，外国教会来华大办医校，在西医教育领域占统治地位。

光华医社以及它所开办的光华医学堂建立以前，西医教育在我国的传播方式有两大类型：一是西方教会到中国办学授课，如1866年在广州创办的博济医院所办西医校，属于"外办外教"型；二是清政府兴办，聘请外国人管理、执教，例如，1881年由直隶总督李鸿章在天津创办医学馆，1905年在广东办的随军医学堂，属于"官办外教"型。这两类西医学校均由外国人主持，用外文教材和外语授课。

20世纪初，在中国南方广州，诞生了我国第一所民间集资中国人管理与执教的西医学校——广东光华医学堂。

2. 广东光华医社的建立

1907年冬天，英国人经营的来往于广东与香港之间的佛山轮船上，发生了一起英属印度警察踢死中国工人的命案，肇事方草菅人命，硬说成是死者因突发心脏病而亡。家人与民众要求讨回公道，清政府不仅不为民众做主，反而用暴力禁遏民愤，令死者含冤莫白，凶手逍遥法外。"佛山轮命案"犹如一束导火索，点燃了民众长期积压的怒焰，激发了爱国人士的义愤。广州医药界和工商界一批爱国人士行动起来了。医药界的陈子光、梁培基、郑豪、左吉帆、刘子威、陈则参、叶芳圃、王泽民、池耀廷、伍汉持、苏道明、刘禄衡、高约翰、黄萼廷等；工商界人士包括沈子钧、邓亮之、游星伯、冯伯高、金小溪、罗炳常、邓肇初、梁恪臣、左斗山、梁庭萱、梁晓初、谭彬宜等，为了在医权上维护民族尊严的共同意念，集合在广州天平街（现在的诗书路）刘子威牙医馆，共同商议用民间的资源和力量创办西医学校的大计。这是一件在中国近代史及中国医学史上具有开创意义的大事——中国老百姓自发组织起来，在自己的家乡，兴办西医教育和西医医院。

到会者一致认为"生老病死，为人类所不能免，而救同胞疾苦，国人实责无旁贷"。大家即席决定倡办医社,起草章程,向社会广募有识之士为社员,筹募资金,创办"民办自教"的西学校院。"故本社创办医校、医院之主旨,乃本纯粹华人自立精神,以兴神农之隧绪,光我华夏,是以命医社之名曰光华。"

1908年初,医社章程面世。它的首条昭示,由"人民组织,办理医院以救济民疾,办理医校以培育医材",定名为广东光华医社。医社实行"当年值理"和"总值理"制,自愿入社的社员都是"倡建值理",从中推举40名"当年值理";再从中推举10人为"总值理",以资扩大对社会的影响。是年,绅商易兰池等10人担任首届总值理,推举梁培基为医社的社长。

光华医社主办的医学堂和医院同时于1908年春开办,医社的总值理们推举郑豪博士任医学堂校长;同时聘请陈衍芬医生主持教务,并兼任医院院长。

此时,担任光华医社社长的梁培基医生(1875—1947),已是华南地区知名的制药专家。1897年,他毕业于博济医院附属华南医学堂,留校任药物学教师,同时,自设医疗诊所,开始职业医生生涯,并从事药物研制,尝试中西医药结合治病之道。1902年,他筹办制药厂。他研制生产的"梁培基发冷丸",有效医治了当年在华南地区猖獗流行的疟疾,成为家喻户晓的抗疟疾名药,首先在广州制药界开创了中西药结合制药的先河。他以务实的态度和行动关注民众疾苦,解救大众病痛,深得大家敬重。接任后,他不负众望,推动了光华医学堂、医院的发展。

担任医学堂首任校长的郑豪博士(1878—1942),在美国获得西医执照后,回到祖国,来到广州。他担任了清政府所办的广东陆军军医学堂的总教习,在西医教育领域实现了他"科学救国"理想。1906年,他代表中国政府卫生界,出席在挪威召开的国际麻风病防治研究会,并发表演讲。1907年,发生在广州的"佛山轮命案",把他和广州医药界、工商界的民间爱国贤士联系在一起,为了为中国人夺回医权,他积极倡办医社,并欣然接受医社的推举,义务担任光华医学堂校长之职。他任职23年间,主持校政,培育医材,直到1929年因患肝病才卸任。

陈衍芬医生是香港医学堂的首届毕业生。毕业后在香港那打素医院、何妙龄医院担任主任医生,入息丰厚。接到光华医社董事会聘请后,他"应谋医学自立之旨,毅然辞职回粤就聘,以冀得其志耳"。接任医学专门学校教务兼医院院长后,他以光华作为终身侍奉之地,在1908—1945年光华历经沧桑的38年里,始终悉心管理学校。

3. 自主医权

光华医社的"兴神农之坠绪,光我华夏"的号召,立即得到社会广泛响应,很快就有435人自愿参加医社。他们按照医社的规定，作为倡建值理，"每人均捐白银20元，作为开办费"。众人捐钱垫款，定购位于广州五仙门内关部前的麦氏的七间大屋，作为办校建院之地。屋主麦楚珍原来以2万两白银出售，获知医社将用于施教济医，"特愿割价四千两银，以作为义捐"。

光华医学堂的教学，从开始的那天起，完全按照西医教学模式进行，学制4年，不同的是，由中国教员采用中文课本授课。课本"由热心人士翻译。当时的外科由罗卡氏负责，内科由欧氏负责。翻译后自行编印"。课程也按西医教程设置，"基础课主要有解剖学、化学、生物学、生理学、细菌学、心理学、寄生虫学、物理学、神经学、药理学、全体学和国文（后增设德文、法文）等。实习课主要有内科、外科、儿科、妇产科、五官科等"。

由于民办的性质，教学与医疗设备的经费需自筹，医学堂的教学和医院的医诊工作，主要由医社倡办人和支持者中的医师、专门科学人才义务担任。他们都是早年西学成才，掌握了近代专门知识的一代中国人，他们是：郑豪、陈子光、左吉帆、叶芳圃、刘子威、刘东生、陈则参、池耀廷、梁晓初、梁培基、王泽民、雷休金、曾询、祢翺云、李次董、王泰民、李镇、刘禄衡、曾恩梅、李德如等。郑豪校长的夫人李丽洁女士在加州大学毕业回国后，也加入到为光华医学堂义务教授英文的行列。

1908年3月1日，中国第一间"民办自教"的西医学堂开学了。这一天，光华医校开始上第一课，首批学生59人。其中，有以陈垣为代表的二、三年级医学插班生17名。他们原是外国教会医学堂的医学生，为支持光华医社维护民族尊严之举，退学转读光华医学堂。

光华医院也同期向城区的民众赠诊赠医，服务社会，回报大众。

1908年7月23日，光华医学堂获得清政府两广总督部堂批准立案。同年11月15日，举行开幕典礼。

光华医学堂在开办的第二年（1909年）正月，兼开女生班，地点先设在新城谢恩里，后迁往素波巷新街。1910年，女生班归并于医校内，实行男女同校。这在当时中国人主办的医学堂里，为先进之风。

随着教务与医务的开展，所需仪器装备日增，建设新式外科手术室的款项尚无着落，医学堂员工和学生组成话剧队，自编剧本，登场献演，筹款建设。根据陈衍芬的记述，"忆当时所编剧本，如《风流孽》《钱为命》等剧，改良时俗，痛下针砭。而扮演之者，复惟妙惟肖，风靡一时。其时学生之表同情于本校之旨者，于此可见一斑"。1912年，购买麦氏大屋的垫购款和加建病房欠款到期需付，光华医社热心人士于工作之余，结队向广州城内的商铺沿户劝捐，得以筹足。为回报民众，当发生灾情和流行病时，他们组成"广东光华医社救伤队"，主动承担社会上的疾病抢救工作，颇受社会好评。

光华医学堂的师生由于有争自主医权的共同目标，同心同德，释放出巨大的热情与智慧。他们在办学送医的同时，还通过讲座、办报、出刊的方式，向民众宣传新医与防病知识，探讨中医与西医的不同与相通之处。创办于1908年的《医学卫生报》，"由梁培基出资，潘达微绘画，陈垣撰文，介绍医学卫生常识，使民众能注意防患于未然。又于1910年创办《光华医事卫生杂志》，刊登学术论文，交流医学经验，提高医学水平"，办刊共约10期。"说诊脉"和"说肾"分别刊在《医学卫生报》的第一、第二期，文章介绍近代医学的生理理论，区别中医和西医对"脉""肾"的不同之说。这在20世纪初，我国民众对西医知识尚不了解之时，无疑是有西医启蒙的深意，该报第9期发表的《告种痘者》一文还记述当时光华医院"每周礼拜日为群众接种牛痘，并详细记述种痘适宜时间、种痘方法"等。

陈垣是光华医社出版的《光华医事卫生杂志》《医学卫生报》的主笔。他出生在医药商家，曾就读于博济医院所办西医校。他不满外国人对中国师生的歧视，读三年级时，适逢光华医社创校办学，他愤然离开博济，与几位志趣相投的同学转读光华医校。他一来到光华，就既当学生，又兼任训育课教师，并在光华办学的第三年（1910年）冬毕业，成为光华医学堂首批毕业生之一。同期毕业的同学还有梅湛、李博文、汪宗澡、李绳则、李明德。陈垣毕业后，留校任教生理学、解剖学等课程，并继续研究医学史。

于20世纪初由光华医社创办的光华医学堂，打破了外国教会在中国统领西医教育的格局，标志着中国人从此走进西医高等医学教育管理领域。"光华人"举起了自主医权的旗帜，在中国医学史上掀开中国人办西医教育的新一页。

4. 光华医学院在抗战中停办与战后重建

抗日战争时期，1938年，广州城沦陷。限于财力，光华医学院无法在广州沦陷前完整地搬离战区。光华医学院成为日军轰炸的目标，学校和附属医院被迫停课，教师和学生四处离散。为了尽量让高年级学生不致中途失学，光华医学院在香港设立临时授教处，安排教学；陈衍芬院长还利用自己在香港的人缘关系，取得香港数间医疗机构特许，使这些学生到香港继续按期完成实习。

1941年12月，日军偷袭美国"珍珠港"，战火燃烧到太平洋沿岸的英美殖民地，香港也被日军占领。陈衍芬院长又为同学辗转到非沦陷区的医校借读而奔忙。这种爱护学生与坚持教育的善举，使光华不少学生在抗战期间完成了学业，成为合格的医学人才，获得毕业资格。

为尽量保护教学财产，"光华人"尽了最大努力。广州沦陷前夕，医院总务长陈再生组织人力，将医学院重要仪器分装在22只大木箱，寄存在位于广州市二沙岛的珠江颐养院内，委托当时受聘在颐养院工作的德国医生代为照管。

珠江颐养院是广东近代史上第一家医疗康复机构，它由光华医社的倡办人梁培基、左吉帆等人，于1920年联合当时的社会名流所创办。它坐落在城郊的二沙岛上，三面环水，绿树成荫，空气清新，景色宜人，极宜康复养息。院内并不设固定医生，进院疗养者可以直接聘请医护人员在院内完成康复治疗工作。广州沦陷后，颐养院停办，只留少数人留守。当时，日军鉴于与德国的盟军关系，没有进驻和捣毁聘有德国医生的颐养院。光华医学院寄存在这里的重要仪器设备，因而得以保存。1945年抗日战争结束时，这22箱物品就是光华医学院仅存的物质财富。

抗战胜利后，在已成废墟的原校址上重建学校。1945年11月30日，修复泰康路旧址的1、2楼。12月1日，正式恢复门诊。12月15日，收治病人。次年3月，修复泰康路旧址的3、4楼，暂作教学用房，招收新生。1946年3月20日，举行开学典礼。次日正式开学复课。1946年夏，开始重建和尚岗校园。1948年秋，护士学校也在和尚岗复办。

（三）国立中山大学医学院

国立中山大学医学院的前身是广东公立医科大学，广东公立医科大学由广东公医医学专门学校改名而成，广东公医医学专门学校原为广东公医学堂。

1. 建校缘起与沿革

1909年春，由于当时美国教会开办的博济医院所办西医校的学生反对学堂不合理的措施，举行罢课。学堂的美籍负责人关约翰施以高压手段，开除学生冯膺汉、徐甘澍、方有遵等人。学生坚持不复课，他就将学堂停办。未毕业的在校学生面临失学，便组织起来，吁请广州绅商和各界人士相助，清末广东知名人士潘佩如、钟宰荃、李煜堂、黄砥江、李树芬、赵秀石等40余人，捐募资金，创办医校。

"1909年2月15日，钟宰荃、区达坡、汪端甫、高少琴、廖竹笙、许序东、李璧瑜、陈宜禧、廖继培、刘儒廪、赵秀石、郑楚秀、卢森、李煜堂、易兰池、李若龙、余少常、伍耀廷、区祝韶、苏星渠、黄砥江、梁恪宸、高乐全、李子农、李超凡、李星卫、李子俊、岑伯著、潘佩如、李煦云、钟惺可、黄弼周、李梓峰、黄衍堂、彭少铿、叶颖楚、杨力磋、李惠东、杨梅宾、易尹堂、陈濂伯、关宾国、陈业棠、李庆春、刘英杰、徐甘澍、莫大一、高约翰等校董，于广州西关租借十三甫北约民居创办广东公医学堂。公医学堂的发起人为美国医学博士达保罗，他当时担任博济医院院长。他的学问、道德及办事成绩，久为中外人士所推重，而与吾国人士感情尤厚。常谓吾粤为开通省份。那时西医校院，大都为教会西人建设。而华人公立、私立之西医校院尚付阙如。他亟怂同人集资创办，以为之倡，以补政府之不逮，并愿舍弃权利。将个人私立原有之医院停办，投身华人校院，代为策划进行；务底于成，至一切主权，仍归之华董事局，达君始终但居于聘席地位，事事竭尽心力，担任义务，顾全大体，界限分明，成绩昭著，公医院以是日臻发达。更复减薪资，助巨款，广募中西义捐。同人等感动于达君之苦心孤诣，发起推广，募助巨款。1909年冬，公医学堂租借长堤自理会铺地以作为医校，购买紧邻天海楼以建医院。有课教室3间，可容学生百余人。还有理化学实习室、组织学病理学微生物学实习室。由于地方狭小无寄宿舍，于是分租附近各街，第一斋舍设仁济大街、第二斋舍设仁济横街、第三斋舍设潮音街。距离虽属不遥远，但觉管理不够方便。"

"1912年6月，广东公医学堂呈请政府拨给百子岗之地。百子等岗之地之取得以在百子岗实施诊所为导线，先是同人设施诊所于东川马路之三巩门，赠医施药，以便东关之就近到诊者，同人觅地于此，乃发现百子等岗之地址，遂于呈请政府拨给，政府核准拨给蟾蜍、百子等岗。同人遂于1913年2月先用铁枝、铁丝将全岗圈围，以定界线，接着登报广告及派传单着各坟主领费迁坟，限至9月如逾限不迁，则由本校院代迁等语，计补费自迁者几及3 000穴，由本校院代迁者5 000余穴，用款20 000余元得公地64亩。此外，还购买毗连之土地。此后，新校址用地因社会形势变化经历了得、失、复得的经过。1916年11月25日，举行新校院建设奠基仪式。1918年，百子岗新校院之落成，面积约100亩。新校院分上下两岗，上岗高于下岗，下岗高于东川马路40余尺，距离长堤本院约6里，大东门约半里。上岗建校舍，下岗建医院。两岗之中，设花园及绒球场。学校之后，设足球排球等场。两岗均已开辟大路，旁植乔木。校舍能容学生300人，医院能容病者400人。竣工建筑4座：

（1）学校1大座，楼高2层（原中山医科大学图书馆），用地9 600丁方尺。内有合式之实习室6间、每间附设教员预备室、教室2间、礼堂1座、能容500余人，事务室4间、图书室1间、售书室1间、教员会议室1间、储藏室1间、工人住室1间、浴房厕所均备。

（2）解剖室1座，楼高2层，用地1 250丁方尺，离学校约400尺，能容学生实习80人，下层暂以为洗衣之用。

（3）留医院1大座（原中山医科大学办公大楼），楼高3层。前进另土库一层，用地15 500丁方尺，房室98间，小房12间，系为看护住室及膳室、厨房之用。计开头等留医舍34间，并普通留医舍，能容病床86张，作临床讲义，为学生实习之用。特别手术室1间、普通手术室1间，能容学生80人。附设盥洗消毒器械、施麻蒙药裹扎各室，检验室1间、事务室1间、招待室1间。药物室在第1层之中央，储藏室又光镜室，在第2层之中央，东西医舍之边，每层另室存储医舍日用必需之物。院内冷热水喉均备，凡病人入院，均由土库。先行沐浴更衣，乃入医舍。

（4）赠医院1座，楼高2层，用地1 820丁方尺，建在东川马路之旁，离留医院约300尺。内分设内科、外科、妇科、眼耳鼻咽喉科等诊室。及手术、药物、电疗、候诊、阅书各室、浴室厕所均备。4座建筑，所钉楼板楼梯及天花板，均用三合土填成。以上建筑及家具合计费用共需银18万余元。"

广东公医学堂学制4年，1、2学年学习拉丁语及医学知识，3、4学年学习医学课程，从1年级到4年级，都安排有实习。每学年分为3个学期，1月1日—3月31日为一学期、4月1日—7月31日为一学期、8月1日—12月31日为一学期。1909年，监督（相当于校长）为潘佩如、教务长为达保罗（美国人），教员9人；1911年，教务长改为雷休。1913年，潘佩如改称校长。1912—1917年，在广州河南鳌洲分设女医校院。1917年，学制改为5年。医校被称为广东公医学堂后，称广东公医医学专门学校渐多。医校于1924年8月，改称广东公立医科大学，学制改为6年。

国立广东大学成立后，1925年7月，广东公立医科大学并入国立广东大学。当时，广东公立医科大学"经费益增，捐款无着"，拖欠教职员工资半年有余，负债10余万元，学校几乎破产，继而发生密卖教育权之事，该校学生全体群起反对。1925年6月27日晚，校学生会执委会召开会议决定："（一）将公医归并广大。（二）组织公医归并广大运动委员会（即席举出何仿等14人为委员）。（三）自议决日起全体一致不承认李树芬为校长、陆镜辉为学监，于风潮未解决以前，学校一切报告及文件概无效力。"6月28日上午11时，学生会执委会在全体学生大会上提出上项决议案，结果全场通过。学生向国民党中央和国立广东大学校长请愿，受到中央党部陈公博、帅府代表李文范和国立广东大学校长邹鲁的接见，均"表示实行由广大接收该校"。至"该日下午4时胡代帅即批令国立广大校长即日派员接收,并声明不准将学校卖与外人"。1925年7月,校长邹鲁派徐甘澍医生前往接收公医,广东公立医科大学并入国立广东大学。1926年,广东大学改名为中山大学,广东大学医科改名为中山大学医学院。

国立中山大学医(科)学院负责人:

褚民谊(兼)(1925—1926年9月);

温泰华(1926年9月);

许陈琦(1926年10月—1927年夏);

陈元喜(1927年夏—1928年2月);

古底克(1928年2月—1933年7月);

马　丁(1933年7月—1934年7月);

刘　璟(1934年7月—1935年1月);

左维明(1935年1月—1935年4月);

刘祖霞(1935年4月—1937年6月);

梁伯强(1937年7月—1938年1月);

张梦石(1938年1月—1940年3月);

李雨生(1940年3月—1945年4月);

罗　潜(1945年4月—1945年12月);

黄榕增(1945年12月—1948年3月);

梁伯强(1948年3月—1949年7月);

刘　璟(1949年7月—1949年10月);

刘　璟(1949年10月—1951年1月);

柯　麟(1951年2月—1952年,全国院系调整)。

国立中山大学医(科)学院内部机构:1926年4月30日,医科办事处(医科教授会)下设解剖学、生理学、病理学、外科学、内科学、附设第一医院、附设第二医院、附设护士学校。1927年,医科教授会下设第一医院及护士学校、第二医院、细菌学研究所、生理学研究所、病理学研究所、解剖学研究所、药物学研究所。1932年,医学院院务会议下设第一医院、第二医院、护士学校、助产学校、细菌学研究所、生理学研究所、病理学研究所、解剖学研究所、药物学研究所。

1940年,迁到粤北后,医学院设在乐昌县城。为了实习和服务社会的方便,选院址在乐昌县城郊,与县城隔河相望。房屋是改造万寿宫庙而成。医学院不分系,设有五个研究所,即生理学、药物学、病理学、解剖学、细菌学研究所。另在乐昌设 1 间附属医院。附属医院是新建的。

二、"三院"合并后的发展时期

为使医学教育更好地适应我国医药卫生事业发展的需要，卫生部决定于 1952 年 7 月对全国医学院校进行院系调整。在如何更快地发展医学教育事业、更快更好地培养出国家建设所需的医务人员问题上，柯麟认为首先要集中优势，集中力量，集中智慧。为此，他提出中山大学医学院与岭南大学医学院和光华医学院合并。国立中山大学医学院的前身是于 1909 年建立的广东公医医学专门学校以及在 1921 年改名而成的广东公立医科大学。岭南大学医学院的前身是于 1866 年创办的博济医局和后来的南华医学院。光华医院则是在 1908 年取"光复中华"之意而命名成立的一家医院。中山大学医学院与岭南大学医学院这两家医学院在人才、技术方面各有一定实力，但也各有自己的弱点和困难。两家医学院只有合并才能集中优势，取长补短，取得更大发展。柯麟的想法，得到中央及有关部门的重视和支持。在中央的直接领导下，经过多次会议，反复酝酿，统一思想、统一步骤之后，决定将中山大学医学院和岭南大学医学院合并组成华南医学院，以集中力量使华南医学院成为华南的医学中心。院系调整在中南军政委员会教育部和卫生部的直接领导下进行。1953 年 8 月 12 日，两学院正式合并成为华南医学院。1 年后，1954 年 8 月，又将广东光华医学院并入华南医学院。

（一）组织机构

为了适应"三院"合并初期的需要，1954 年 8 月，华南医学院成立院务委员会，由广东省文教厅厅长杜国庠任主任委员，原中山大学医学院院长柯麟、原岭南大学医学院院长周寿恺任副主任委员。全院包括院本部，附属第一、第二医院，附设护士学校等 4 个单位。院本部下设教育和研究的基础学科、前期学科、临床学科等 25 个部分。附属一院即原中山大学医学院附属医院。附属二院即原岭南大学医学院。附设护士学校则是由中山大学医学院附属护士学校和博济医院高级护士职业学校合并而成。合并组建后的华南医学院在校学生 1 697 人，其中本科生 1 520 人，专科生 177；专任教师 319 人，其中教授 44 人，副教授 21 人，讲师 50 人，助教 204 人；病床 602 张。三所学院合并后，校舍得到扩建，仪器设备得到更新，教师队伍得到充实，办学规模得到扩大，综合实力明显增强。1954 年招收学生 493 人，其中，本科生 365 人，专科生 128 人；毕业学生 390 人，其中本科生 283 人，专科生 107 人。

在医学院校的院系调整工作基本完成后，1955年2月1日广东省文化教育委员会任命柯麟为华南医学院院长，同时撤销院务委员会。以柯麟为首的华南医学院领导班子在执行教育和卫生工作的一系列方针政策的过程中，对知识分子工作上积极支持，生活上热情关心，努力改善知识分子的工作和学习条件，调动了知识分子办学的积极性。一批科研能力卓越、教学经验丰富、医疗技术高超、深孚众望的专家教授学者，如梁伯强、谢志光、陈心陶、陈耀真、秦光煜、林树模、钟世藩、周寿恺、陈国桢、罗潜、朱师晦、邝公道、毛文书、白施恩、汤泽光、梁皓、林伯荣、黄叔筠等，以严谨的治学态度，朴实的工作作风，高尚的职业道德，重大的学术贡献，为学生和年青教师树立了良好榜样。他们中绝大多数人都承担了医学院中行政、教学、科研、医疗的领导职务。

（二）教学工作

"三院"合并后，在教学上，华南医学院首先抓紧重建33个教研组，强调以集体主义精神对待教学组合。学院领导旗帜鲜明地支持一些老教授的意见，尊重著名的医学专家梁伯强、谢志光、秦光煜、陈耀真、白施恩、钟世藩、周寿恺、邝公道、许天禄等的教学经验，主张凡是先进的东西，不管来自哪一个国家，都应积极予以批判地吸收；同时又要防止妄自菲薄和虚无主义，要注重研究自己的特点，重视自己的经验和成果。在解放思想和统一认识的基础上，华南医学院开始以教研组取代学科作为医学院教学和科研的基本单位。将原有的20个学科改为33个教研组，将教学、科研、医疗、师资培养四项任务统一由教研组安排，使教研组内各项工作构成一个统一的整体。

当时主管教学工作的副院长周寿恺教授在教学管理工作中的一个重要贡献，就是组织各有关教研室的教师，理顺当时开设的36门课程之间的关系。对各门课程内容的深度和广度、衔接和配合、继承和发展等作了平衡，同时对全部实验、实习训练课的要求和重点也进行了系统的研究。在这个基础上组织制定了教学大纲，使中山医学院的教学工作走上正规化、规范化，教学水平和质量大为提高。周寿恺教授在教学管理工作中的另一个重要贡献，就是多次召开教学方法研讨会，强调教学方法的重要性，引起教师的重视，改进教学方法，提高教学质量，使华南医学院逐步形成了一套有效的教学方法。这一做法在20世纪50年代是先进的。

从1954年起开始实行统一的教学大纲和教学计划。在教学组织方面，采用大班上课小班实习的制度；实验课采用实验课制度；临床实习采用集中轮回实习制度；讲课采用教师包班制度；教学辅导采用教师专责制度；考试采用四级记分制度和口试制度；并采用教师集体备课、教案制度等。当时提倡学习苏联凯洛夫的《教育学》，强调教学主要是传授知识，提高课堂讲授效果，突出教师的主导作用，当时也强调理论与实际一致、医教合一的原则，但总的来说是着重传授知识而忽视智能的培养。

华南医学院附属医院，包括原中山大学医学院附属医院和原岭南大学附属医院。在当时实习医院规模很小的情况下，学院领导认为，能否做到理论与实践相结合是教学成败的一个根本问题。如果临床教学不在救死扶伤防病治病的实践中进行，学生不可能学到有用的知识，也不可能掌握过硬的技术。为了解决这一问题，学院领导四处奔走，组建了广州医教卫生技术合作中心，与广州市立的10间医院建立了兄弟式的合作关系，在技术上互相交流，在工作上互相支持，使这10间市立医院都成为华南医学院的临床实习基地。这项工作，不但支持和促进了中华医学会广州分会的工作，而且也同时解决了相当于3000张病床的实习基地问题，为临床教学与实习提供了场所。后来又扩大到把广东省各地20多间地方医院作为华南医学院的临床实习基地。

1958年起，中山医学院改为6年制，只设医疗专业。湛江分院初实行3年制，1964年后改为5年制，还设卫生干部进修班，学制有3个月、6个月、9个月或1年等。

（三） 五年制医疗专业教学计划

中山医学院于1957年11月再次修订了五年制医疗专业的教学计划。

（四） 科研工作

中山医学院对科学研究十分重视，坚持发挥医科高校的科研优势，用自己的经验来研究解决医学课题，并针对华南地区普遍存在的疾病组织专家教授进行研究。

寄生虫病专家陈心陶教授对恙虫病做了卓有成效的研究，总结出恙虫病流行的几种可测性，并提出预防措施，对1952—1957年广州市恙虫病的流行起了有效的控制作用。陈心陶教授的另一重要成果是对血吸虫病的研究。他坚持从我国实际和我国人民的实践出发，深入血防前线，通过现场考察，摸清了广东血吸虫病病人的数目，确定了疫区的范围，对血吸虫的传播媒介钉螺的生态学进行了深入研究，掌握了华南地区钉螺的分布、生长周期、活动情况等生态规律，以及与血吸虫病的关系，针对华南地区的特点提出一整套的从控制到消灭血吸虫病流行的战略规划和具体措施。这一措施的贯彻，使广东省防治血吸虫病在1955年就大见成效，成为全国最早消灭血吸虫病的省份之一。这一可喜成果，受到许多专家的称赞。

20世纪50年代中期，内分泌学在我国还是一门新兴的学科。周寿恺教授和他的同事们在物质条件较困难、设备较简陋的情况下，创建了内分泌实验室，并迅速开展对糖尿病糖代谢、自主神经功能状态对糖代谢的影响、席汉氏病动物模型的制备等课题的研究。建立了对多种激素及其代谢产物的生物化学、生物测定方法，同时积极进行临床内分泌学的研究，提高对内分泌疾病的诊疗水平。

20世纪50年代，钟世藩教授在学院领导的支持下创办了中山医学院儿科病毒实验室，这不但是广东省而且也是全国最早创办的临床病毒实验室之一。他的实验证实了直接接种乙型脑炎病毒于小白鼠胎鼠，病毒能得到很好的繁殖，认为有可能作为分离病毒的动物。此外，在他的支持鼓励下，中山医学院儿科从1950年就开展进行新生儿的尸体解剖，一直持续至今，已积累了相当丰富的资料，对新生儿学科的发展起了很大的促进作用。

（五）形成"三基""三严"的学风

通过这一系列工作，形成了中山医学院"三基""三严"的学风：注重基础理论、基本知识、基本技能的学习和训练；在一切教学活动中，坚持严肃的态度、严格的要求、严密的方法。

中山医学院的一批老专家、老教授在形成"三基""三严"的学风中起了重要的作用。如林树模教授，学识渊博，不仅讲授生理学，而且还讲授过生物化学和药理学。他采用深入浅出、纵横联系的教学方法。例如，讲授"水电解质平衡"这一内容时，他把水电解质的摄入、泌尿系统、呼吸系统、血液循环等有关理论有机地联系起来，使学生能够透彻地理解正常人体是如何通过各种器官系统的共同作用维持水电解质平衡的，这样的讲课颇受学生的欢迎。生理学是实验性学科，实验课是重要环节。在实验课教学中，林树模教授要求学生多动手、勤思考。他要学生自己按照实验指导完成每个实验，并根据实验结果进行分析讨论，得出结论，写出实验报告。实验报告须经教师签名认可，否则要重做。如果实验不及格，不准参加理论考试。这种按高标准严格要求学生和培养学生独立工作能力的做法，取得了良好的效果。

又如谢志光教授知识广博，讲课生动活泼，富有启发性，使学生受益良多，不少已毕业多年的临床医生也乐意去听他的课。他教学有个"三部曲"，一是他做你看；二是你做他看；三是他放手让你做，做完后再检查纠正。

这一时期，中山医学院在广东省高等医学教育中起了主体作用和师资培养基地的作用。1960年，中山医学院被定为中央卫生部直属的全国重点院校之一。

（六）执行6年制教学计划

中山医学院自1963—1964学年执行的6年制教学计划是根据卫生部指导性教学计划，结合本院具体情况制订的。

（七）贯彻"科研十四条"

1961年，国家科委党组和中国科学院党组起草了《自然科学研究机构当前工作的若干问题（草案）》，即"科研十四条"，对科学研究工作中的一系列方针政策作了具体的阐述和规定。

在"科研十四条"的指引下，中山医学院坚持基础研究和应用研究相结合的科研方向，着重解决常见病、多发病的防治，同时注重基础理论的研究，在各个研究领域取得了突出成就。

梁伯强教授为我国现代病理学先驱，国际知名病理学家，他首创完整切出鼻咽部的尸解操作方法，主要研究成果有《鼻咽癌的组织类型、生物学特点和组织发生学的研究》《原发性肿瘤的病理形态学、病因学在我国发病率的研究》等。他曾主编全国高等医学院校教材《病理解剖学总论》和《病理解剖学各论》。我国的《自然科学年鉴》特别表彰了他在我国病理学研究上的业绩。

谢志光教授为我国临床放射学奠基人，是我国第一个对人肠结核、长骨结核的X线表现提出全面系统描述的专家。他首创一种髋关节特殊照射位置，引起国内外学者的重视，被称为"谢氏位"。他首创白内障及角膜混浊病患者进行手术前，对中心盲点检查的先进技术。他对鼻咽癌的早期诊断和临床发展规律有深入的研究。

陈心陶教授是现代寄生虫学奠基人，他在寄生虫病的研究方面发表论文130多篇，发表恙虫病的研究论文60多篇。他的代表作《医学寄生虫学》被评为我国1978年全国科学大学科研著作成果一等奖。他还被选为《中国动物志》副主编、《中国吸虫志》主编。

陈耀真教授是我国现代眼科奠基人。他曾以中、英、德、西班牙文先后在国内外发表论文近百篇，包括中国眼科史、眼科的基础理论研究以及各种眼病的临床研究。特别是他在中国眼科史的研究中，从甲骨文、古汉字、古代文物、典籍中寻找出大量有关资料，被人们称为眼科学的"活字典"。他还主编了全国统编教材《眼科学》。

秦光煜教授对麻风病进行了开拓性的研究。1962年，他首次在心肌、肝、脾、骨髓、神经组织、睾丸和内脏淋巴结等器官发现界线类麻风内脏病变，这一发现极大地丰富了人们对麻风病本质的认识，被国际麻风学界誉为"创造性工作"。1964年，他发表了《网织细胞增生症或不白血性网织内皮细胞增生性疾病的本质》一文，提高了我国病理学界和临床医生对该病本质的认识、诊断水平和治疗效果。此外，秦教授在寄生虫病、疟疾、脑病病理和脑肿瘤病理等研究上亦颇有建树，极大地丰富了我国病理学的内容。

（八）华南肿瘤医院与肿瘤研究所等的建立和发展

华南肿瘤医院是在中山医学院附属第一、二医院肿瘤科的基础上，于1964年4月组建而成，是当时我国4所肿瘤专科医院之一（其余3所为中国医科院肿瘤医院、上海第一医学院肿瘤医院、天津肿瘤医院）。建院时有职工120多人，病床数50多张。中南局第一书记陶铸亲自为"华南肿瘤医院"题写院名。华南肿瘤医院第一任院长为谢志光教授，肿瘤研究所第一任所长为梁伯强教授。著名肿瘤学专家李振权、李国材、管忠震、闵华庆等教授为肿瘤医院的建立、建设与发展做出了重要贡献。

此外，1964年，中山医学院还建立了5个研究室，即神经系统实验形态学研究室、寄生虫研究室、眼科疾病研究室、药理研究室、病理研究室。

（九）中山医学院眼科医院的建立和发展

中山医学院眼科医院的前身是由原中山大学医学院、岭南大学医学院、光华医学院的眼科合并而成的中山医学院眼科教研室，这一教研室组建于1953年，第一任教研室主任为陈耀真教授。教研室从20世纪50年代多次被评为先进教研室。随着眼科教研室的不断发展，人员开始逐渐增多，机构也越来越完善。1957年，建立了独立的眼科病房和眼科手术室，病床数从16张增加至70张。1958年，建立了眼科病理实验室。1959年，建立了眼科生化实验室和视觉生理实验室。1964年，眼科研究室成立。

1965年，眼科教研室迁至广州市先烈南路54号，正式建成眼科医院，创始人为著名眼科专家陈耀真教授和毛文书教授，陈耀真教授担任第一任院长，毛文书教授担任第二任院长。当时的住院床位为122张。20世纪70年代，病床数扩至210张。1982年，在眼科研究室的基础上成立眼科研究所。

中山眼科中心是我国培养眼科人才的重要基地之一。1953年眼科教研室成立以来，教学工作一直是与医疗工作、科研工作和防盲治盲工作并列的重点工作之一。眼科教研室主任陈耀真教授早在1950年就以极大的热情和干劲翻译了

《梅氏眼科学》，将现代眼科学首次系统地介绍到中国，为培养现代眼科工作者打下了坚实的基础。陈耀真教授还把西方先进的医学教育模式引入中国，不但重视专业知识的传授，而且更加强调培养医务人员的求知欲、独立思考能力、探索精神和创造思维，鼓励年轻医生敢于质疑成见，大胆探索未知领域。1960年，陈耀真教授负责主编了我国高等医药院校第一本眼科教材《眼科学》。

（十）取得的成就与形成的特色

"文革"前的中山医学院，在当时的政治环境中，最显突出之处在于坚持尊重知识，尊重知识分子，按照教育的规律办学，创造了一套管理高等医学院校的有效方法，树立了良好的校风校规，形成了"三基""三严"的学风。同时，对文教领域"左"的思潮，尽最大可能进行了抵制和纠正，从而保证了中山医学院出人才、出成果的大好局面。这在当时的历史条件下是极其难能可贵的。中山医学院出现了建院以来未曾有过的教学繁荣景象。1965年，在校学生数为2 599人，均为本科生；专任教师447人，其中，教授36人，副教授41人，讲师111人，助数257人，教员2人；国家拨给教育经费225万元。教学质量稳步提高，学院和分院能大批地培养高质量的医学本科生、研究生、进修生和留学生。全院70%的教师都参加了科学研究，在完成国家科学研究任务过程中，教师的学术水平、教学和医疗水平都有明显提高。于1962年校庆时，收到了319篇论文。1963年，收到的论文多达466篇，其中的15%达到当时国内较高水平；一个服务质量好又适应教学与科研发展需要的附属医院，以及与市内外兄弟单位协作组成的城乡教学基地网也建立起来。

中华人民共和国成立后17年，中山医学院共培养毕业生7 537人，其中，硕士生64人，本科生7 072人，专科生401人。同时造就出一支高等西医教育工作队伍，其中，包括一批领导干部，以及一批富有教学经验、科研能力和医疗水平的师资队伍。中山医学院的成绩，受到了国内外医学界的赞扬，使其成为高居国内在海外较有影响的医科院校最前列。

三、十年"文化大革命"时期

从1966年开始，在历时10年之久的"文化大革命"中，中山医学院原有的领导体制、组织制度和行政系统解体。1968年，工人毛泽东思想宣传队和解放军毛泽东思想宣传队进驻学院。学校在"文化大革命"期间，以革命委员会体制管理。

四、 新时期

(一) 整顿改革

1977年，恢复统一的高校招生考试制度，高等医药教育事业开始恢复生机和活力，走上了健康发展的道路。广东高等西医院校在恢复高考招生制度以后，本科教育迅速发展，6所高等西医药院校经统考录取新生1 673人。1978年、1979年、1980年、1981年和1982年的广东高等西医教育招生人数分别为：1 786、1 476、1 524、1 305和1 327人。中山医学院于1980年开始招生改革，开办自费走读生班。为打通医学人才通往农村的道路，1983年，全国招生会议决定，省、市、自治区所属农、林、医、师院校大部分实行定向招生，学生毕业后一般回本地区、本部门工作。农、林、医、师专科学校要面向农村，按地区划录取分数线，就地招生、就地培养、就地分配。

1978年2月，国务院转发教育部关于恢复和办好全国重点高等学校的报告。中山医学院被确定为全国4所重点高等医药院校之一，为教育部与卫生部双重领导的重点学校。

1978年10月，教育部重新修订并颁发了《全国重点高等学校暂行工作条例（试行草案）》（即高教六十条），使高教事业有章可循。教育部与卫生部又重新修订和颁布了一系列规章制度。1978年12月，教育部颁发了《高等学校学生学籍管理的暂行规定》。1978年8月，颁发了《高等学校培养研究生暂行条例（修改草案）》。卫生部医教局在调查研究的基础上陆续修订并颁发了一系列工作条例，其中有：《高等医学院校教学研究室工作条例（试行草案）》（1979年7月1日）、《高等医学院校附属医院补充工作条例（试行草案）》（1979年9月10）、《高等医学院校五年制医学专业学生基本技能训练项目（草案）》（1979年6月1日）。学院按照这一系列规章制度，全面地纠正了"文化大革命"期间所造成的混乱局面，使学校高等医药教育逐步走上正规发展的轨道。为了加速提高中青年师资质量，卫生部又颁发了《高等医学院校基础学科助教培养考核试行办法》和《高等医学院校附属医院住院医师培养考核试行办法（草稿）》（1980年6月）。为此，中山医学院各教研组纷纷制订师资培养计划，以在职学习为主，脱产学习为辅，重点加强基础理论和外文学习。同时，学校还组织全体留校任教的工农学员"回炉再炼"，补习数学、物理、化学、生理、生化等自然科学和医学基础课程。

为了贯彻落实知识分子政策，调动广大教师的积极性，有关部门于1978年2

月13日转发了1960年2月16日国务院发布的《关于高等学校教师职务名称及其确定与提升办法的暂行规定》，随后又颁发了《关于高等学校图书与资料情报人员职务名称确定与提升的暂行规定》（1979年3月）、《关于高等学校实验技术人员职务名称确定与提升的暂行规定》（1979年3月）。为此，学院恢复了教师和卫生技术人员职称评定工作，极大地调动了他们的工作积极性。

1979年1月，国家科委、教育部、农林部联合召开高等学校科学研究工作会议，明确了高等学校应办成既是教育中心又是科学研究中心。要求高等学校积极开展科学研究工作，贯彻"百花齐放，百家争鸣"的方针，发扬学术民主，活跃研究空气，提倡不同学派和不同学术见解的自由探讨、自由发展。要求切实保证教师每周必须有六分之五的业务工作时间，把他们的主要精力投入到教学与科研活动中，尽量减少非业务性会议和其他活动。学院大力落实了国家关于发扬学术民主和保证业务工作时间的相关规定。

1979年12月29日，卫生部又发布了《关于医药卫生科技工作贯彻"八字方针"的意见》，1980年1月28日又发布《医药卫生科学研究机构管理试行办法》，1979年12月15日颁布《医药卫生科学研究计划管理试行办法》，1980年2月20日制定了《医药卫生科学研究成果管理试行办法》。学院切实执行了这些条例，确立了科技成果鉴定的标准，使作为高等医药院校的学院的科研管理及成果鉴定有章可循，建立了正常的科研秩序，改进了科研管理，加强了科技队伍的建设，充分调动了科技人员的积极性。

经过一系列整顿、改革，20世纪80年代医学教育逐步走上稳定发展的道路。学院因此得到稳定发展。

1980年6月，卫生部、教育部联合召开全国高等医学教育工作会议，回顾总结30年的历程与正反两方面的经验，修订《全国高等医学教育事业发展规划（草稿）》和《关于高等医药院校专业设置和专业调整的意见（草稿）》。会议认为，一是大力加强师资队伍的建设；二是统编和自编教材要有一定的质量标准；三是加强教学基础地建设；四是充实图书仪器设备；五是搞好教学管理、经济管理和行政管理工作，开展教学方法的研究，提高教学效果。学院在这些发展规划的指导下迅速稳健地发展。

1982年1月5日，国务院学位委员会、教育部联合发出通知，下达经国务院批准的我国首批有权授予学士学位的458所高等学校名单，中山医学院被首批列入。

（二）改革领导体制

中华人民共和国成立以来，我国高等学校的领导体制几经变化。1950年，实行校（院）长负责制，党委对行政起监督作用。1958年后，实行党委领导下的校（院）务委员会负责制。1961年，实行党委领导下的以校（院）长为首的校（院）务委员会负责制。"文革"期间提出工人阶级领导一切，成立了"革命委员会"。1978年，实行党委领导下的校（院）长负责制。为了明确党政分工，改变过去党政不分以党代政的局面，1985年又在部分高校试行校（院）长负责制，中山医学院是试行校（院）长负责制的高校之一。1989年以后，重新恢复党委领导下的校（院）长负责制。

为了改进与完善高校的领导体制，发挥知识分子在教学、科研、医疗方面的积极性，1983年5月，全国高等教育工作会议提出："学校可以试行设立参谋、咨询作用的校（系）务委员会。"校务委员会由学术上造诣较深的学者或富有经验的老教育工作者为主体以及在教学、科研和管理等方面做出贡献的优秀中青年代表组成。学院组织了校务委员会并开展相关工作。实践证明，在新的形势下，校务委员会对学校工作的开展发挥了重要作用。

1985年1月28日，教育部、中国教育工会全国委员会颁发了教工字（1985）第4号文件《关于颁发〈高等学校职工代表大会暂行条例〉的通知》，确定在高等学校建立和健全党委领导下的教职工代表大会制，是完善学校管理制度的重要途径，是教职工行使民主权利、民主管理学校的重要形式。学院因此建立和健全了党委领导下的教职工代表大会制度。

（三）"三个中心"的建立和发展

医学教育研究中心、电教中心和医学英语培训中心这三个中心以及临床科研设计测量评价（DME）是卫生部利用世界银行卫生Ⅰ项贷款于1984年6月在中山医学院设立的几个项目。

（四）临床科研设计测量评价（DME）的建立和发展

DME为世界银行贷款项目之一。1980年，中山医学院成立"DME咨询委员会"，院长彭文伟教授任主任，胡孟璇教授、侯灿教授为副主任。1987年，改名为临床流行病学/DME教研室，主任为王飞教授，有专职教师3人，兼职教师多人。1991年，该教研室挂靠肿瘤防治中心，主任为黄腾波教授，其后的负责人为洪明晃教授。从事DME教学的教师多来自临床等工作的第一线，他们在各自的工作中注重把DME运用于实践，开展科研工作，同时，他们还为校内外的医疗机构和医生提供大量的咨询，为提高临床研究的质量做出了重要贡献。

（五）法医学系的建立和发展

中山医学院法医学系是我国现代法医学教育的发源地之一，其前身为1953年成立的中山医学院法医学小组，附属于病理学教研室。1979年，随着中国的刑法和刑事诉讼法的颁布，我国恢复了法医鉴定体系。随后在卫生部的指定下，中山医学院于1979年开始招收法医学专业本科生。1984年，成立了法医学系。1985年成为国家教育部批准的第一批具有硕士、博士学位授予权的专业点。1988年，成立了法医学鉴定中心。1998年3月，法医学系与基础学院、科技开发部组建成为中山医科大学基础医学院。1999年，开始接受博士后人员，2000年，成为广东省重点学科。法医系面向全国招生，已经形成了法医本科、硕士研究生、博士研究生和博士后多层次法医人才培养的体系，成为我国法医人才培养和成长的重要基地之一，在我国现代法医学教育中有着举足轻重的地位。

（六）附设护士学校的复办和发展

中山医学院附设护士学校的前身是于1953年8月博济医院高级护士职业学校和中山大学医学院附设护士学校合并而成的华南医学院附设护士学校。"文革"期间，1968年12月，护校被撤销。1978年2月，为了加强和充实医学技术队伍，培养护士和技术人员，中山医学院党委决定复办护校。同年8月，经国家卫生部批准，招收高中、初中毕业生120人，开设护士、医学实验技士2个专业，学制3年。1980年10月，在中山医学院校园内初步建成护校校舍，学校教学工作得以正常开展。当时在校生360人。1985年6月，中山医学院附设护士学校改称中山医科大学附设卫生学校。同年，开设了成人中专教育，设护士、口腔医士专业。于1991年、1992年又先后增设了普通中专放射医士和英语护士班。1993年起，口腔医士专业增设普通中专班。1994年，卫生学校在高要乐城设立校外办学点，招收中等护理专业学生。1998年，取消中专招生。

（七）护理本科教育的起步与护理系的建立和发展

1987年8月20日，中山医科大学护理系正式成立，护理系设立了系办公室和护理学基础、内科护理学、外科护理学、妇产科护理学、儿科护理学等五个教研室。

（八）中山医学院1978级5年制医学专业教学计划

中山医学院于1977年恢复本科教育，1977、1978和1979级的学制均为5年。

（九）中山医学院1981级6年制医学专业教学计划

中山医学院从1980级开始改为6年制，直至1987级。1988年，学制由6年改为5年。

（十）深化教育教学改革

20世纪80年代初，中山医学院深入开展高等医学教育改革，开创了迅速发展的新局面，高等医学教育规模、结构、质量、效益逐步趋向合理。

（1）进行"自学为主"和"讲授为主"的对比性实验；

（2）开办医学英语班；

（3）改革教学内容和方法；

（4）开展学生业余科研活动；

（5）加强实验室和临床教学基地建设；

（6）加强教材建设；

（7）招收和培养少数民族学生；

（8）实施毕业生统考；

（9）建立研究生教育与学位制度。

1984年12月，我国出台《关于培养临床医学硕士、博士学位研究生试行办法》，中山医学院开始招收临床医学硕士、博士研究生。

（10）发展外国留学生教育。

（十一）科研成果

1978年3月18—31日，在北京召开的全国科学大会上，表彰了一批科研成果。卫生部门获奖335项，其中，中山医学院获奖的项目有：鼻咽癌的防治研究、角膜移植治疗失明、广东稻田尾蚴皮炎与裂体科吸虫、FB-2A型反搏系统、中国吸虫区系调查和生态学研究、苯酚胶浆闭塞输卵管绝育法等23项。

1978年6月3—12日，卫生部为贯彻全国科学大会精神，召开了全国医药卫生科学大会，奖励了697项先进典型和优秀科技成果，其中，中山医学院的"肺吸虫研究""麻风病的研究""断肢再植""鼻咽癌的放射治疗"等榜上有名。

至1985年，中山医学院获奖的科研成果有：内分泌研究室有关正常人、糖尿病人和肝脏病人共1 085例的胰岛β细胞功能的临床研究获1983年卫生部科技成果乙等奖；眼科中心易玉珍副教授主持的青光眼组织化学及超微结构的研究，获卫生部1984年科技成果乙等奖；脑外科研制的万能手术头架获科研成果奖；附属一院外科陈国锐教授等研究的甲状旁腺移植术获卫生部乙等奖。此外，附属三院唐英春讲师研究发现了我国"军团病"的一个新菌种;法医系用扫描电子显微镜鉴别生前及死后损伤的研究,居全国领先地位。

(十二) 实行对外开放

选派优秀的教师、医生和管理干部到国外的高等医学院校、科研机构学习、考察,参加学术会议或进行科学研究。组织中外科技人员研讨交流,邀请外国专家教授来校讲学、参观、考察和参加科学研究,引进人才、资金、先进技术和设备。

(十三) 更名为中山医科大学前的中山医学院概貌

截至1985年6月20日,中山医学院更名为中山医科大学以前,中山医学院已发展成为一所多层次、多专业、多形式办学的著名高等医学院校,是首批硕士、博士学位授予单位之一。设有医学、口腔、卫生和法医4个系以及放射学、麻醉学、高级护理、临床营养等专业(班),其中有11个博士专业、32个硕士专业、6个本科专业和4个专科专业。全校共有基础和临床教研室60个,3间综合性医院(附属第一、二、三医院)和2间专科医院(眼科医院、肿瘤医院)共有病床2 000多张。学校属下的中山眼科中心是我国第1间从事眼科研究、提供眼科预防、医疗、教育服务的机构,其中,眼科医院是全国最大的眼科专科医院。科研机构有肿瘤、眼科、生理、寄生虫、心血管疾病、预防医学等6个研究所,还有25个研究室和一个中心实验室。肿瘤研究所是世界卫生组织在我国的肿瘤研究协作中心之一。学校出版的期刊有《中山医学院学报》《国外医学内科学分册》《中华医学文摘》《中华肾脏病杂志》《中国神经精神疾病杂志》《显微医学杂志》《新医学》《家庭医生》《癌症》等,发行量90万册。全校面积38.59万平方米,建筑面积30万平方米。校图书馆建筑面积有7 436平方米,藏书40余万册,订有中外文期刊3 000种。1985年国家拨款1 590万元,其中,教育经费934万元,基建投资656万元。

全校教职员工共有5 000多人,其中,教授、副教授354人、讲师538人。还有相当于讲师及讲师以上职称的技术人员300多人。在校学生近4 000人,其中,攻读硕士、博士学位的研究生393人,6年制本科生2 549人,外国留学生48人,全日3年制专科班120人,夜大学4年制学生353人,进修生400余人。此外,还有附设卫生学校学生500多人。

中山医学院在其发展过程中,一贯重视教育师生坚持按严格的要求、严肃的态度、严密的方法进行基础理论、基本知识、基本技能的训练,培养良好的学风。重视开发学生智能，培养学生的自学能力、动手能力、创造能力，提高外语水平，以适应社会发展的时代要求。学校先后新建了医学遗传学、核医学、康复医学、临床药理学、生物医学工程、临床流行病学等一批新兴和边缘学科教研室，注意学科新发展，开设新课程，更新教学内容，改进教学方法，使中山医学院的毕业生以基础扎实、适应性强、发展后劲大而著称，并在国内外受到赞誉。

五、 中山医科大学医学教育的发展

1985年6月20日，中山医学院经卫生部批准正式更名为中山医科大学。1985年9月26日，邓小平为中山医科大学题写了校名。学校全面朝着"教育要面向现代化、面向世界、面向未来"的方向加紧改革和建设，进一步提高学校的教学、科研、医疗和管理的水平与质量，逐步把中山医科大学建设成为有研究生院和多个学院的现代化医科大学。本章主要记述1985—2001年期间医科教育各方面的情况，但在叙述在这一期间各单位情况时，为了完整表述，有的内容延续到2001年合校后。

20世纪80年代以来，我国高等医学教育的发展具备了较好的政策环境和经费支持。同时，国家加大了对教育的投入。1980年以来，国家拨给学校的教育经费和基本建设费用也呈逐年上升的趋势。1991年投入学校的教育总经费为2 192万元，与1980年的828万元相比增长了一倍多。我国的高等教育进行了一系列改革和探索，高等医学教育也从恢复整顿阶段转入稳步发展时期。学校抓住这一契机，不断加快改革开放的办学步伐，争取世界银行贷款，增加教学投入，推进内涵建设，加强对外交流与合作，使高等医学教育的体系和结构逐步向比较合理的方向转变，努力为本地区经济建设和社会发展服务，开创了迅速发展的新局面。

（一）本科专业设置的调整

1980年，根据高等医学教育事业的发展要与国民经济相适应的精神，教育部进行了专业结构和布局的调整，要求每一种专业都要做到"基础好一点，专业面宽一点，适应性强一点"（"三点"），并确立将15种专业正式列入国家高等医药院校的专业目录。卫生部在1981年1月召开的部属高等医学院校工作会议上，要求部属院校根据精简的原则，从实际出发，确定学校的任务、规模、专业设置、学制、编制（"五定"），在五年左右的时间内保持不变。学校根据"三点"要求和"五定"方案，在进行社会需求调查研究基础上，调整专业结构，挖掘办学潜力，努力开办新兴、短线的专业。1978年，学校设有医学、卫生、口腔3个专业。1979年，新设了法医专业。1984年，设立了法医学系，1985年新办了医学营养系。至此，中山医学院共设4个系和2个专业（班），专业数增加到11种，覆盖了我国大多数医学专业，专业结构逐步趋于合理，在校生约3 000人。其中，医学系的医疗专业、口腔系的口腔专业、卫生系的卫生专业、法医系的法医专业授予学士学位，学制均为6年。根据广东经济社会发展与卫生事业的需求情况，学校采取多种办学模式，例如，以"前期趋同，后期分流"的形式在医疗专业、卫生专业中实行后期分流，以培养麻醉、放射、健康教育、妇幼卫生等专业急需的短缺本科专门人才。

（二）公共卫生学院的建立和发展

公共卫生学院前身为1956年成立的卫生学教研室，1976年成立公共卫生系，1986年更名为公共卫生学院。中山医学院更名为中山医科大学以后，中山医学院卫生系正式更名升格为中山医科大学公共卫生学院。2001年10月，中山医科大学与中山大学合并后，中山医科大学公共卫生学院更名为中山大学公共卫生学院。

（三）开展校内综合改革

内容涉及管理体制、教育、科研、医疗、产业、后勤服务、职工住房、公费医疗、退休保险等。

（四）调整专业结构

1993年7月，国家教委颁布了重新修订的《普通高等学校本科专业目录》，对1988年的专业目录进行了很大的调整，拓宽了专业口径，增强了适应性，反映了我国的教育改革与高校专业结构的变化。该《专业目录》设10大门类，下设二级类71个，504种专业；其中，医学门类下设二级类9个、37种专业（含西医药8类23种），比1988年的原专业目录增加了护理学类。当年广东省设有本科专业的高等院校28所，共有专业点356个，其中，医学类设9个学科，26个专业点，含西医专业点20个。

在此阶段，中山医科大学设置学制为5年的基础医学、预防医学、临床医学、医学营养学、口腔医学、法医学、护理学7个专业，临床医学专业还设七年制。1996年，学校经卫生部批准，在公共卫生学院增设了妇幼卫生专业（本科），使本科专业总数达到了8个。1998年5月8日，成立护理学院。

（五）部省共建，争创"211"工程

学校开展了部省共建，争创"211"工程的工作。

（六）教学建设的加强和教学条件的改善

为积极适应扩招学生后确保教学质量的需要，学校利用创建"211"工程的机遇，集中力量加强教学基本建设，完善实验教学设施，增建公共教学场所，改进教学手段，使教学条件和教学环境得到了较大改善。

（七）建设高素质的师资队伍

为解决高校扩招后师资相对紧张的状况，学校积极采取相关措施，提高教师队伍的数量和质量。

（八）口腔医学院的建立与发展

光华口腔医学院初建于1974年，原名为中山医学院口腔系。1997年，更名为中山医科大学口腔医学院。1996年年底，中山医科大学口腔医疗中心正式更名为中山医科大学附属光华口腔医院。1997年，口腔医院新综合大楼正式启用，中山医科大学口腔医学系升格为中山医科大学口腔医学院，填补了华南地区没有口腔医学院的空白，并为今后在广东乃至华南地区形成以中山医科大学口腔医学院为辐射中心的学术圈打下了基础。同年，建成了口腔医学实验中心，结束了口腔医（学）院没有自己的科研实验室的历史，大大改善了科研支撑条件，口腔医（学）院集医教研一体的模式正式确立。

（九）与中山大学合并前的中山医科大学教育概况

2001年10月与中山大学合并以前，中山医科大学共设置8个学院、4个系、30个博士专业、52个硕士专业、9个本科专业、3个专科专业。共有专任教师428人，其中，教授58人、副教授101人、讲师178人、助教63人、教员28人。各类在校学生数为7 761人，其中，博士生468人、硕士生952人、本科生3 640人、专科生443人、夜大本专科生1686人、成人脱产班572人。招收各类学生2 472人，其中，博士生178人、硕士生399人、本科生825人、专科生112人、夜大本专科生754人、成人脱产班204人。各类毕业生共1 290人，其中，博士生136人、硕士生213人、本科生588人、专科生67人、夜大本专科生159人、成人脱产班127人。拨款总额为9 808万元，其中，国家拨给的教育经费7 648万元、基建投资860万元、地方拨款1 300万元。

六、 新的中山大学成立及医学教育的新发展

2001年10月26日,原中山大学和原中山医科大学实现强强联合,成立了集文、理、医、科为一体的新的中山大学。国家教育部和广东省政府分别斥资9亿元和3亿元,推动新的中山大学的建设和发展。合校后,中山大学中山医学院根据中国加入WTO及社会、经济、科技、文化、教育发展的新形势,密切联系广东实际,倡导"争一流,争第一"的竞争意识,努力建设"国际知名的,处于国内一流水平前列的,高水平的研究型综合性大学"。同时,采取一系列有效措施,进一步强化医科各专业和课程的建设工作,不断完善医学教育的教学质量保障体系,推进医学人才培养模式和教学管理体制等方面的改革,使医学教育进入以综合性大学为依托的模式而得到新的发展。

(一)新的中山大学医学教育机构的设置

原中山大学、中山医科大学合并组建成新的中山大学后,原中山医科大学所辖的相关单位作了如下调整:

(1)中山医科大学所辖各单位统一更名为"中山大学+单位名称",即:

中山医科大学附属第一医院更名为中山大学附属第一医院;

中山医科大学孙逸仙纪念医院更名为中山大学附属第二医院(又名孙逸仙纪念医院);

中山医科大学附属第三医院更名为中山大学附属第三医院;

中山医科大学中山眼科中心更名为中山大学中山眼科中心;

中山医科大学中山眼科医院更名为中山大学附属眼科医院;

中山医科大学肿瘤防治中心更名为中山大学肿瘤防治中心;

中山医科大学肿瘤医院更名为中山大学附属肿瘤医院;

中山医科大学附属光华口腔医院更名为中山大学附属口腔医院;

中山医科大学黄埔医院更名为中山大学附属第四医院(又名中山大学附属黄埔医院);

中山医科大学附属第五医院(珠海医院)(筹)更名为中山大学附属第五医院(筹)[又名中山大学附属珠海医院(筹)];

中山医科大学公共卫生学院更名为中山大学公共卫生学院;

中山医科大学口腔医学院更名为中山大学光华口腔医学院;

中山医科大学护理学院更名为中山大学护理学院。

（2）设立中山大学中山医学院，下设：基础医学部、第一临床医学部、第二临床医学部、第三临床医学部、肿瘤学部，眼科学系、法医学系。

（二）加强质量文化建设，建设教学品牌

学校医科师生充分利用文理医多学科的教学学术优势，从本地区的实际情况出发，创造性地贯彻落实教育部文件精神，启动"质量工程"，取得了阶段性的成果，为提高中山大学的办学竞争力奠定了良好基础。

（三）突出本科教学的重要地位

合校后，中山大学始终将本科教学放在学校教学工作的基础性地位，密切联系广东省高等教育的发展情况，结合校情贯彻教育部《关于加强高等学校本科教学工作，提高教学质量的若干意见》（2001年4号文）的精神，制订本科教学的发展规划。

为使教职员工对新时期学校本科教学的工作现状、发展方向与思路有更深刻和清晰的认识，增强本科教学的责任感和使命感，中山大学于2002年上半年召开了全校本科教学工作会议。校党委李延保书记在会上发表了"本科教学的基础地位不可动摇"的讲话，强调大学的主要任务是培养各方面的拔尖人才、栋梁之材，要以科学的态度追求"卓越"和"超越"，不仅要将中山大学的本科教育办成广东最好的，而且应办成国内一流的；要树立现代大学精神，塑造高尚、高雅的文化品格；要有世界眼光和国际品位，开展多元文化的交流，积极主动地参与国际竞争，促进教育的国际化；倡导"以人为本"的办学理念，重视教师作用的充分发挥；要融入时代精神，通过改革教学模式、严格治教治学，培养学生具有健全人格、创新精神、创业能力。黄达人校长作了"关于素质教育的一些思考"的报告，阐述了素质教育的背景、意义、内容，对素质教育的认识以及实施素质教育的措施。徐远通副校长从适应我国高等教育的品牌化、国际化、信息化和生态化趋势入手，提出了建设中山大学高水平的本科教育体系的主要措施。

为了加快本科教学发展的步伐，学校于2002年12月6日再次召开本科教学工作会议。这次会议旨在进一步将各项工作落到实处；同时研讨在高等教育大众化形势下，适应严峻的就业形势的对策，以及评建结合，做好教育部组织的本科教学水平评估的准备工作。会上，校党委李延保书记强调要尊重教师，善待学生，动员全校师生员工在"四新"（即新思路、新突破、新举措，与时俱进，开拓创新型人才培养的新局面）上下一番功夫，使每一个中大人以对历史负责的态度，做好各项准备工作。同时，提出三点具体要求：一是要强化历史责任。一个

学校的工作，最根本的是要让学生得到好的培养。要实现这一目标，各个环节的工作都要做好。在扩招过程中要保证质量。在保证教学质量时，除注意专业设置、教学内容以外，还要研究技术层面的问题。教务部门和财务部门要研究加强多媒体教学设施的建设问题。二是要提高学生适应国际化、信息化和严峻就业形势的能力，要研究提高学生的"附加值"问题，要设立柔性的学习机制，培养复合型的人才，使学生在校学习时，能够多一些选择。让学生在学校里增加"附加值"，提高学生在社会上的竞争力，这是每个搞教学工作的人都应该考虑的问题。三是要下功夫研究专业改造的问题。此外，学校的国际化进程还要进一步加快，要从文化底蕴、综合实力、发展潜力上突出学校优势，吸引国内外的优秀生源。

至于提倡教授上讲台、评选名师、创建精品课程、大力抓教材建设、设置新专业和建设名牌专业等因本书篇幅问题从略。

（四）文理医融合，培养全方位发展的医学人才

（1）优化课程体系和教学方案。利用综合性大学学科齐全的优势，优化医学课程体系，开展了新一轮的教学计划调整工作，促进文理医学科的交叉渗透，并在医学类专业首次采用学分制。

（2）推进素质教育。

（3）实施"三早"教学改革，推进创新教育。实施早期接触临床、早期接触科研、早期接触社会的教学改革，推动创新教育的进一步发展。

（五）加强教学质量监控的制度化和组织建设

（1）全面修订教学管理文件。

（2）成立新的本科教学指导委员会。

（3）成立医科督导专家组。

（六）突出规范意识和质量意识，加大临床教学基地建设力度

学校开展了突出规范意识与质量意识，加大临床教学基地建力度的工作。

（七）改革医学教学管理体制

建立一套高效运行、适应现代高等医学教育规律的教学体制和运行机制，更好地发挥医学基础和临床教学人员的积极性，达到培养基础扎实、知识面宽、能力强、素质高、适应21世纪需要的德智体全面发展的高级医学专门人才的办学目标。

（十）建立药学院

中山大学药学院是原中山大学和中山医科大学两校合并后于 2002 年 6 月成立的第一个新学院。中山大学药学院以中山大学生命科学学院药学系为基础，整合了中山大学生命科学学院、化学与化学工程学院以及医学院有关药学科学研究的资源，以中山大学的综合力量为依托组建而成。2003 年 3 月 1 日，中山大学药学院隆重举行了挂牌仪式暨院士论坛（这一天被定为药学院的院庆日）。院长为中科院院士陈新滋教授，常务副院长为黄民教授。

（十一）做好八年制医学教育

2003 年年底，医学教务处、医学教育研究中心根据学校的部署进一步研制 8 年制医学教育的具体培养方案，为 2004 年的夏季首批招生 100 人和其后的 8 年制教学工作做好准备。

云山珠水杏林风

博济医院

1908年,光华创办时校舍前门(即在原广州五仙门)

光华医社

广东公医大学留医院正面

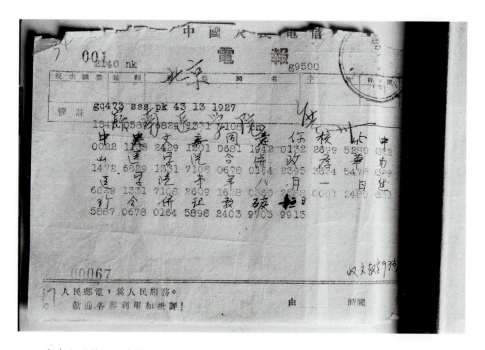

中央文委关于同意岭南大学医学院与中山大学医学院合并为华南医学院的电报

华南医学院成立典礼纪念照

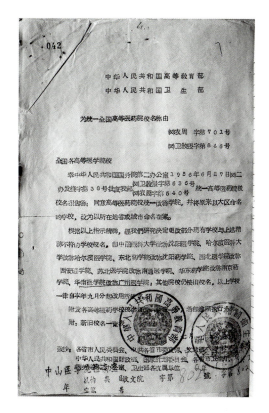

高教部、卫生部决定1956年9月起将华南医学院改称广州医学院

1956年11月12日，广州医学院纪念孙中山先生诞辰90周年

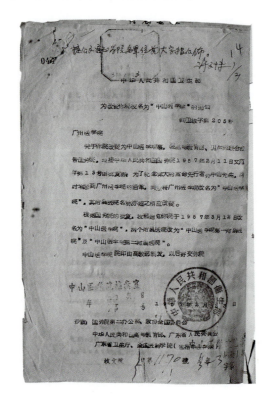

1957年2月23日，卫生部根据国务院批复通知于1957年3月12日将"广州医学院"改名为"中山医学院"

1957年的中山医学院校门

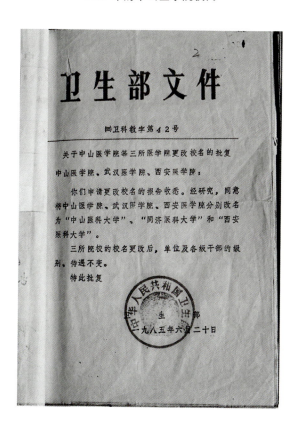

卫生部关于中山医学院更名为中山医科大学的批复

中山医科大学正门

中山大学北校门

梁伯强 篇

(1899—1968)

梁伯强，我国病理学奠基人之一。1925年受聘为同济大学病理学副教授。1932年后，历任国立中山大学医学院教授，华南医学院、广州医学院和中山医学院教授。曾任国立中山大学医学院院长，中山医学院副院长及病理学研究所主任，肿瘤研究所所长，中华病理学学会副会长，中央卫生部医学科学委员会常委。第一、二、三届全国人大代表。其影响遍及海外，被《德国医师杂志》称为"非常出色的中国病理学家"，其名字载入苏联《百科全书》。1955年，被聘为中国科学院生物学学部委员（院士）。独创了获取完整鼻咽的方法，系统地研究了鼻咽癌组织学类型、生物学特征和组织发生学。首先提出了"肿瘤间质反应"概念，辩证地论述肿瘤间质与实质的互相关系和肿瘤间质对癌组织发生、发展和分化的影响，其相关论文被视为鼻咽癌研究的经典著作。

志　传

梁伯强，广东梅县人，于 1899 年出生在一个知识分子家庭。其父是教师，其母是位贤淑、勤劳、俭朴的家庭妇女。在梁伯强 6 岁那年，梁母染病去世。

梁伯强自幼天资聪颖。1912 年，考入梅县巴色会教会中学（即梅县乐育中学前身），勤奋学习，用 4 年时间完成了中学的全部课程。1916 年，以优异成绩毕业。同年，考入上海同济大学医学院，于 1922 年毕业。

在同济学习期间，梁伯强深感我国医学基础薄弱，制约着临床医学的发展。他意识到要发展我国医学事业必须从发展基础医学入手。他毕业后留校师从病理学教授 F. 欧本海姆（F. Oppenheim），从事教学和研究中国人血型和地理环境的关系。

1923 年，梁伯强被学校推荐到德国慕尼黑大学研修病理学，继续从事中国人血型的研究，1924 年获慕尼黑大学医学博士学位，1925 年回国，受聘为同济大学医学院病理学副教授。1932 年他被广州国立中山大学医学院聘为教授兼病理学研究所主任，时年 33 岁。他以病理学研究所为基地，积极从事教学和科学研究。几年的时间，他把中山大学医学院病理学研究所建设成为在国内有一定影响、学术气氛浓厚的学术单位。1936 年，德国著名的病理学家 H. 贝廷（H. Bettinger）教授参观该所时，称赞该所是"一个很完善的、极有发展前途的研究所"。

梁伯强在中山大学医学院任职期间，曾于 1937—1938 年和 1948—1949 年两度出任医学院院长职。1949 年，赴美国约翰·霍普金斯等大学考察医学教育。

中华人民共和国成立后，梁伯强继续在中山大学医学院任教授和病理学研究所主任。1953 年，他参加维也纳世界医学大会，会后赴苏联考察医学教育。在全国高等学校院系调整中，中山大学医学院、岭南大学医学院和光华医学院合并成立华南医学院。梁伯强任该院病理学教授、病理学教研室主任。1954 年，他任华南医学院第一副院长，主管全院科研工作。在他任职期间，积极推动全院科研和活跃学术气氛，使该院血吸虫病防治、肝病、麻风病、鼻咽癌、防盲治盲等科研工作取得显著成效。20世纪60年代，他主持组建了肿瘤研究所和寄生虫病学、病理形态学、神经生态学、眼科学、药物学等5个研究室（"一所五室"），成为中山医学院教学、医疗和科研相结合的科研机构，有力地推动了该院的科研工作。并兼任肿瘤研究所第一任所长。

1950年，梁伯强任卫生部全国卫生科学研究委员会委员、中南军区后勤部卫生部顾问、地方病防治委员会委员，并历任卫生部医学委员会常委、国家科委医学组成员、中华医学会理事、中华医学会病理学会副理事长、中华医学会广东分会病理学会理事长、《中华病理学》杂志副总编辑。1955年，选聘为中国科学院院士（学部委员）。梁伯强是第一、二、三届全国人大代表。

梁伯强是中国现代病理学奠基人之一。他深刻认识到，要建立现代病理学，必须有我们自己的病理学资料。因此，他非常重视尸体解剖，亲自向社会、有关部门和病者家属宣传尸解的科学意义。在尸解室门口挂上"贡献遗体解剖，功德无量"的横匾。他带领青年教师做尸体解剖。即使到了晚年，身负领导重任，仍坚持为研究生做尸体解剖操作示范。经过几十年的努力，为我国病理学教学、科研积累了丰富而宝贵的资料。

在科学研究上，梁伯强强调结合实际和需要，重视研究地理环境和卫生习惯对人体疾病的影响；重视研究我国常见病、多发病的发病规律。早年他从事血型与地理环境关系的研究，在《中国人正常白血球血象的研究》一文中用中国人正常血的淋巴细胞比欧美人高；居住在上海的德国人，其外周血的淋巴细胞比居住在其本土的德国人高的事实，充分说明了环境因素对人体的影响。

梁伯强在研究工作中具有百折不挠的精神。他喜欢登山运动，所以，常用"登山精神"鼓励他的学生。他说"研究工作好像登山运动，首先要有信心，不怕艰辛；然后一步一步攀登，一定能达到顶峰"。抗日战争期间，中大医学院内迁山区办学。条件差，经费不足、物资供应异常缺乏，他通过改良方法、设计新的试剂、用代替品，克服困难，坚持研究工作。

梁伯强在学术上的成就是多方面的。在维生素代谢、血吸虫病、化学毒气的防护等方面皆取得一定成绩。而主要的成就在肝疾病和鼻咽癌的开拓性研究。

20世经20年代，梁伯强从事肝吸虫感染与肝癌的研究。1928年，他与E. G. 诺克在《中华肝吸虫传染和原发性肝癌发生》一文中首先提出肝吸虫的感染可能是原发性肿瘤的原因之一。但是，不少西欧学者反对，认为是并存现象。经过20多年的争论，直到1956年才取得共识，确认一部分原发性肿瘤是由于肝吸虫感染所致。1956年，梁伯强代表我国医学界出席巴基斯坦第四届医学年会，在大会上他宣读论文《有关坏死后性肝硬化的问题》。该论文首先阐明我国有坏死后性肝硬化这一类型；并指出病毒性肝炎是产生坏死后性肝硬化的原因。同时指出，在我国肝硬化的原因主要不是由于营养缺乏和酒精中毒，这与当时国际上强调的营养缺乏和酒精中毒的观点大相径庭。他常常告诫他的学生"尽信书不如无书"，应正确对待前人的经验，既要尊重，又不盲从，科学研究才能突破旧框框而有所发现。他在1959年《原发性肝癌的形态学、病因学和在我国发病率的研究》一文中提出：病毒性肝炎—肝硬化—肝癌的发病模式。这一科学见解直到20世纪80年代才为病毒学、免疫学和超微结构的研究所证实。此文发表后引起国际学术界普遍重视，有20多个国家和地区的学者来函索取论文或表示愿意进行合作研究。

鼻咽癌是广东地区最为常见的恶性肿瘤之一，被称为"广东癌"。1959年，梁伯强明确地提出把鼻咽癌研究作为中山医学院的科研重点。他派人到国外进修学习；同时建立了从基础到临床的研究机构，在附属一院组建肿瘤科。他邀集北京、上海等地有关单位成立鼻咽癌研究全国协作组。1960年，卫生部确认中山医学院为全国鼻咽癌研究中心，北京、上海、四川、湖南和广西为参加单位。在他的指导下首创在尸体上完整取出鼻咽部组织的解剖方法，为研究鼻咽癌的组织发生和早期癌创造了条件。梁伯强发现，有些鼻咽癌病人随着病情的发展，肿瘤组织学类型由分化好（低度恶性）转变成分化差（高度恶性）。他认为"组织学类型的改变是机体反应性改变的表现；肿瘤恶性度升高，说明机体抗癌能力的下降"。在鼻咽癌间质研究中，他提出"肿瘤间质反应"的概念。1962年，在莫斯科第八届国际肿瘤会议上，他宣读了《鼻咽癌的组织学类型、生物学特性和组织发生学的研究》的论文。率先在国际上提出鼻咽癌的组织学分型，各类型的病理组织学特点和生物学特性；辩证地论述了肿瘤实质和间质的相互关系。这一科学的论断受到国际肿瘤学家的赞同。1974年，世界卫生组织（WHO）还约请梁伯强参与上呼吸道肿瘤组织学分型（图谱）的复审工作，可惜这时梁伯强已逝世多年。

梁伯强还主编了我国第一部《病理解剖学总论》和《病理解剖学各论》教科书。

梁伯强非常重视人才培养。1936年，梁伯强开始接受高级研究员的培养。1951年，受卫生部委托培训高级病理师资。此后，与秦光煜教授共同举办多期高级病理师资培训班；1955年，他开始招收研究生和高级进修员，为全国医学院校、科研和医疗单位输送了 400 多名病理学人才。如今桃李满天下，不少已成为当代学科带头人；造就出诸如杨简、郭鹞等一批著名的病理学家。

梁伯强培养学生，既严格又细致，他被他的学生称为"严师慈父"。他严格而高强度训练学生，制订每周学习和工作计划，要求学生严格执行，周末检查。因此，青年教师业务成长快。在生活上，梁教授夫妇也非常关心学生。他常常对夫人说："研究所的职工是我们的亲属，研究所的教师是我们的子弟，我们要多关心他们。"每逢节假日，梁教授夫妇总是热情邀请青年人到他们家做客，在促膝谈心中，交流思想，师生关系融洽。

梁伯强对自己也严格要求。他给学生上课，总是铃声一响，便站在讲坛上，从不差分秒。就是到了晚年给研究生和高师班学员上课，还是认真准备，查阅文献，让助手预先绘制图表，精心挑选标本和幻灯片，并预先发给讲授提纲，讲课时内容丰富，语言生动、简洁，深入浅出，理论结合实际，逻辑推理严谨，使学生们既学到知识，又从中学习到梁教授的思维方法。

梁伯强热爱祖国，为祖国医学教育和卫生事业的发展呕心沥血。他有强烈的事业心和责任感，即使患病住院期间仍关心鼻咽癌研究工作。他治学严谨、携掖后进，鼓励他的学生超越自己。他生活俭朴，平易近人；善于团结院内外的专家教授，支持和尊重他们的工作，促进各项工作的发展。他主持组建了肿瘤医院和当时全国唯一的眼科医院。

梁伯强于 1968 年 11 月 28 日在广州逝世，享年 69 岁。

◎ 忆 述

2013年11月8号下午,梁伯强教授的铜像揭幕仪式在中山大学北校区科技楼二楼的会议室隆重举行。梁伯强的学生,中国科学院院士姚开泰教授,中国工程院院士甄永苏教授,高级病理师资班成员卢耀增教授、宗永生教授等悉数出席。

追忆恩师,旧事重提,难免不知从何说起,却每每触动心扉。病理科主任王连唐道:"我们墙上的题词是程天明院士题的。他题的是:'缅怀恩师教诲,永志泰斗慈容。'同时,钟世镇院士也表示会来。这些都是梁教授当时的学生。"

老院士对着铜像三鞠躬献花。最后,站在铜像的两侧饱含深情地合影,以表达对老师的尊敬。

梁伯强,我国著名病理学家,医学教育家,一级教授,我国现代病理学奠基人之一,中国科学院生物学地学部委员、院士。

梁伯强一生致力于病理学研究和医学教育,治学严谨,造诣极深。根据大量尸体解剖研究,首次提出"肝炎—肝硬化—肝癌"的病理学模式,晚年重点研究广东多发病——鼻咽癌,设计了从尸体中取出完整鼻咽的方案。曾受卫生部委托主编我国第一部病理学教科书《病理解剖学总论》《病理解剖学各论》,对我国病理学的教学产生重要影响。

病理科主任王连唐:我们要记住他们当年对中国病理学事业发展做出的贡献。

在梁伯强出生地梁屋"贻榖楼"前,梁基金(梁伯强侄子):梁伯强名浩曦,字伯强。

梁基金打开楼门,上厅祭拜祖先。

69岁的梁基金,手中握着已有百年历史的梁家府邸之一"贻榖楼"的钥匙,他的父亲梁次涛是梁伯强先生同父异母的六弟。在这栋位于梅州西郊黄坭墩禾好塘的老宅子里,作为近亲的梁基金很自豪地为来客讲述着家族的辉煌。

清末民初的梅城用"上市梁、下市黄"来指称当地的两大家族，下市黄是被称为"近代中国走向世界第一人"的维新思想家黄遵宪所在的黄家，而上市梁就是梁伯强所在的梁家。

梁伯强的高祖父梁慎桢是嘉庆年间进士，官至礼部郎中，曾祖父梁心镜是道光朝举人。梁家基业雄厚，在梅城西区建起的仁风楼、贻穀楼、鹤和楼等府邸远近闻名。祖父梁友琴只传下梁绍勤一个男丁，而梁绍勤开枝散叶，连生8子。1899年2月15日，梁伯强在梁氏祖屋"贻穀楼"出生，排行最长。

梁基金：这个房子就是梁伯强的出生地，上厅的左手第一间就是梁伯强出生地。

"贻穀楼"是典型的骑马楼，如今早已无人居住，外观泥痕遍布。

1905年，清廷正式废除科举制，梁家男子多以投身现代教育为业。父亲梁绍勤曾先后在本乡小学和梅县女子中学任教，对子女的学业更是要求严格。

1912年，13岁的梁伯强考入梅县巴色会教会中学（今梅州乐育中学）。这所教会学校由德国人创办，教授德文是一大特色。少年梁伯强每天早起在远离校园的河堤上背诵德文辞典的往事，至今为人津津乐道。

中学毕业后，他选择学医。

梁基金：梁伯强为什么最后选择学医呢？生他的母亲去世得比较早，因患了肺结核而去世，所以，他立志学医。

母亲萧氏去世时，梁伯强只有6岁。小男孩只能眼睁睁地看着母亲被病痛折磨而束手无策。也是从这时开始，悬壶济世的心愿在梁伯强的心里生根、发芽。

梁伯强侄子梁基金：他考入上海的同济大学。1922年，他从那里毕业，因成绩优异，被送到德国求学。

进入同济大学医学院的第三学年，梁伯强开始担任病理学教授欧本海姆的教学和尸体解剖助手。于1922年毕业后，留校任助教。1923年，赴德国慕尼黑大学研修病理，师从BORST教授。1925年，获医学博士学位，之后回国，受聘为同济大学病理学副教授。

1932年，日本侵略者在上海发动"一·二八"事变，战事扩大。时年33岁的梁伯强回到广州，出任中山大学医学院教授，兼任病理学研究所所长。

20世纪30年代，病理学研究所所内仅有1名助教和1名技术员，教学用具也严重不足。梁伯强教授申请经费，购置仪器，安排科室，请德国母校协助征集人体标本。研究方法上，他特别重视尸体解剖，向社会、死者家属、掩埋队和慈善医院反复宣传尸体解剖的科学价值和对人类的贡献。

短短 5 年时间里，梁伯强带领的中山大学医学院病理学研究所已经成为在国内有一定影响力、学术氛围浓厚的学术机构。他也是当时的教育部部聘教授。1937 年，升任中山大学医学院院长。

然而，全面抗战的艰苦年代来临，战火终于烧到了南方。

1938 年，广州沦陷，中山大学医学院随校内迁至云南澄江县。1940 年，迁回粤北乐昌，在战火中坚持办学。

1941 年，梁伯强发表题为《如何在非常时期研究病理学》的演讲，号召全体教职员工在困难时期发扬艰苦创业的精神继续工作。战乱中，梁伯强在乐昌建立临时病理学研究所，坚持进行尸体解剖、病理学研究和教学。

乐昌档案局副局长华书彬：解剖室在石脚庙这个石山的脚下，那里有几栋房子，比较破旧的房子，当时，小孩子称那里为停尸房，也是说，是中山大学的解剖室。

谭坚诺、郭振中（石脚庙村民）：两个地方是相通的，一个是放死尸的，一个是解剖的，长长的，两个地方，在庙的旁边。那个庙很小的。不是什么正规的庙，那个庙叫石脚庙。后来，中山大学就利用这间房子来做了个停尸场。房子里面有 4 个池，都是放尸体的。我们小的时候爬上去看到。看到头，看到脚，心里很害怕。

石脚庙和停尸台早已无迹可循，让人既害怕、又好奇的情景却永远刻在了懵懂少年的心里。当时的他们哪里懂得，这竟是大学教授进行病理学研究之地。

暂住乐昌的梁伯强，身边人手紧缺。他就地招聘，在当地居民当中挑选助手。

凌启波（中山大学中山医学院病理科主任技师）：我在乐昌读书，读到高中二年级，因为家庭生活困难，就没办法求学，随后向老师请求，让老师帮我找一份工作以维持生活。后来，梁教授回来之后，需要一个助手。刚好得知我需要找工作，梁教授就同意了，亲自去乐昌中学了解我的为人表现和成绩等。

他要求我用毛笔写一篇总理遗嘱，用英文抄写一篇课文，还要我画一幅画。

凌启波后来才知道，梁教授要看他写字，是考察他的字体是否工整。因为研究工作中很多资料需要手写记录；当时没有教科书，教材也全部由梁伯强自己编撰，医学名词使用德文，而德文字母和英文字母基本相同，所以，要求凌启波的英文字母一定要写好；考他画画是因为当是的病理学研究经常要画图以方便记录和教学，作为技术员需要一些绘画基础。

在梁伯强设计的病理解剖学简谱中，仍可见写字、画画的基本功力。

考核中，凌启波的表现不错。没过几天，他就得到梁伯强的通知，进入病理研究所，当了一名技术员。

凌启波：当时，租了一个地方叫沙梨园，那里有一间农民的房屋，两层的小木屋呈四方形，中间还有一个天井。二楼作为实验室和梁伯强的办公室及休息室，楼下作为实习室和仪器室。屋子外面种了几棵沙梨树。

乐昌市档案馆《乐昌县志》主编沈扬在翻看照片：这些照片是在1970年拍摄的——用上海海鸥牌4A相机拍摄的，这个位置就是当年中山医学院租的一个农户的地方，大概是学生的课堂——医学院的课室，旁边是沙梨园，这还是比较原汁原味地展现了中山医的旧址。

梁伯强带着凌启波，让他开始接触病理学的研究和实验。第一次近距离地接触尸体，凌启波感到毛骨悚然。

凌启波：我当时非常害怕尸体解剖。第一次去破庙看到时马上反胃头晕。

为得到解剖用的尸体，梁伯强向乐昌市卫生局和公安局寻求帮助。最后，乐昌监狱答应在家属同意的情况下，提供一些死刑囚犯的尸体。解剖进行的地点，就选在离沙梨园两里路外一处破庙的河边空地上。解剖工具和辅助药物，梁伯强只能就地取材。

凌启波：没有解剖工具，梁伯强就在当地找到打铁铺，画出图纸，让师傅照图来打出手术刀、手术剪。在解剖过程中需要手套，初期有几副手套，用完了就没了。梁教授就用凡士林代替，将双手涂满凡士林，把毛孔堵住，避免传染，来坚持进行解剖。

在中山大学医学博物馆内，陈列着一大一小两只恒温箱。

凌启波：做标本的时候还需要用到恒温箱。怎样才能让标本在恒温箱中长期保持在58～60℃？当时没有电，我们必须想出一个办法。如果想不出办法，只能停止工作。梁教授就想出一个办法——用双层保温箱。所谓双层保温箱，就是在下面烧一个炭炉，上面吊一条绳子拉在水温箱上面，再插上一个温度计。烧炭加热。如果烧得太久，温度会过高。在这个时候，将温箱往上拉，持续一段时间，温度降到58℃左右，又拉下保温箱，让它一直保持在这个温度区间。用这样的方法来克服当时抗战时期的困难，以及解决物资短缺的问题。

解剖的同时，还要制作标本。战乱时期，进口药剂如二甲苯、透明剂等都没有来源，梁伯强就找来性质相当的松节油以替代。乐昌玻璃厂生产的最薄的玻璃，被裁成规范尺寸的载玻片。厚度只有10微米的盖玻片则替换成中药铺里的云母片。

凌启波：在抗日战争这么困难的情况下，想尽办法以开展解剖工作、实验工作。

梁伯强一方面忙着继续尸解研究，另一方面在教学上也毫不松懈。他强调温故而知新，一、三、五上课，二、四、六复习，早上八点准时开课，讲完课就开始进行实验操作。

凌启波：每天上课前我为他做准备工作，主要负责帮他在黑板上画出病理图以进行教学，准备大体标本、显微镜，还有玻片。

梁伯强特别强调病理学的基础意义，要求学生们在走上临床岗位前能够全面掌握病理学知识，以尽可能地减少误诊。

战事正急，日军飞机经常在乐昌进行轰炸。飞机一来，警报就响，师生们必须立刻疏散，而梁伯强的教学，会在前往郊区疏散的路上进行着。

凌启波：一边跑，有时候梁教授一边提问，提问上课所学的知识。一个学生答不上来，就让第二个学生来答。

途中，梁伯强示意学生关注河水的流动，用河面漂浮物来比喻血液循环的情况。

没有图，就自己画；没有器材，就自己做；战乱多年，梁伯强的医学教育一直没有停止。

乐昌沦陷——

1944年夏，日军进逼，乐昌的局势又一次紧张起来。

梁伯强组织师生撤离避难。辛辛苦苦建立起来的病理学临时研究室，弃之太可惜，如何保护又是个很棘手的问题。

凌启波：当时科室只有我们3个人了——梁教授、一名技工和我。梁教授让人做了几十个大木箱，将物资仪器装在箱子里，一共装了27箱物资。

当时，兵荒马乱，交通不便，物资装箱之后，不能立刻运回广州。

梁伯强和凌启波实地考察之后，决定将物资运到拐泥塘的农家，藏在一个专门堆放稻草的泥砖房里，铺上稻草作为伪装，再利用当地瑶民居住地的教堂作为掩护。

直到抗日战争结束，这批珍贵的研究物资都安全地存放在拐泥塘，幸运地躲过了日军的骚扰。

凌启波：梁教授大概是在1945年10月飞回广州的。梁教授回广州后，大概年底，我就接到梁教授的信，问我是否在乐昌，近期生活如何，物资是否保存了下来。

凌启波马上回信，他告诉梁伯强，所有物资保存完好。梁伯强随即汇了一笔钱给凌启波，包括几个月的工资和搬运费用，让他想办法把物资运回广州，并邀请他来广州，继续为病理学研究所工作。

凌启波：我收到信后非常高兴，答应他在春节以后将物资运回。在春节后，我托亲戚朋友请来一条大船，还请了一帮人从拐泥塘将物资运到船上，过了4天4夜，行驶到广州爱群大厦附近。

1946年2月，凌启波亲自押船，将乐昌临时病理学研究所的全部物资仪器安全运抵广州。第二天，他就和梁伯强见了面，迅速投入病理学研究所的重建工作。

原有的病理楼有两层高，由德国人设计建造。日据期间，这栋小楼被作为高射炮台，尽是弹孔，满目疮痍。

凌启波：当时盟军实行轰炸，他们就在楼顶架高射炮。楼的门窗都没有了。还有一个阶梯教室的课桌椅也没有了，就剩下病理楼一个空壳。

修缮病理楼的工作进展很快，从乐昌运回来的资料和仪器，加上广州沦陷前梁伯强托德国朋友藏在沙面的4箱仪器，都得到妥善的处理。病理学研究所在很多其他科室还没有完成整理之前，就重启了研究工作。因其资料完整、设备齐全、复建迅速，梁伯强领导的中山大学医学院病理科声名远播，人称"大病理"。

钟世镇院士：我们在中山医的时候觉得教课程教得最好的就是病理学的课程，所以，印象很深。病理课讲授得很严密，很有趣，很有启发性。

钟世镇，广东省五华县人，临床解剖学专家，中国现代临床解剖学奠基人，中国工程院院士。钟世镇于1946年入读中山大学医学院，正是梁伯强重启病理科后不久。大学2年级，钟世镇开始接触病理课程。当时，梁伯强任中山医学院院长，主要的病理课程经他设计安排，由爱徒李瑛教授执教。

钟世镇回忆：梁伯强会安排课堂授课集中在几个星期内完成，余下的课时全部留给尸体解剖。为了保证研究和教学有足够的尸体来源，梁伯强四处奔走，联系省卫生局，联系所有医院，联系掩埋队，争取尸体源，宣传尸体捐献的意义。

凌启波：梁伯强先生将"尸体解剖是一种功德"进行宣传，希望得到相关支持。他在中山医的尸体解剖室门口挂了一个木牌，上面写着"贡献尸体解剖，功德无量"。

同时，梁伯强率先在课堂上开展病例讨论。讨论课上，梁伯强选取某死亡病例，请临床医生先报告患者生前症状，再由学生试行诊断。

钟世镇院士：第二个出场的是尸体解剖医生。我对这个尸体进行解剖——从肺里、肝里根据尸体解剖结果来做诊断。

最后发言的是病理解剖学教研室技术组负责人。以肿瘤患者为例，这名技术负责人会根据病理切片观察的结果，报告对肿瘤性质的诊断结果。

钟世镇院士：讨论很热烈。为什么呢？谁都可以发言，而且他安排的目的是为了让大家提出疑问。根据病人主诉，最后通过尸体解剖证明谁是谁非，所以大家都很受益。病理解剖最权威，因为科学性最强。判断一个肿瘤是良性的，还是恶性的，通过解剖就能得出结论。所以，他最有说服力，也由他做结论。我们印象也特别深刻，对病理解剖室就特别崇拜。

梁伯强创办的病理学研究所，有极严谨的工作程序和方法。每逢尸解，解剖者在尸解过程中如有特殊或典型发现，就按电铃。全科上至教授下至助教进修人员，均会放下工作，前往观察，并做简单讨论。

此外，每日上午有固定时间，供全科讨论、总结前一天的尸解病例，做出肉眼诊断的临时病理诊断报告，罗列所见各脏器病变，以及主要病症和死亡原因。

尸解记录均需按梁伯强所著《病理解剖手册》的要求撰写。

梁伯强深感各大医学院病理学教师的缺乏。病理学研究所重启后不久，他向卫生部提出建议开办全国病理高级师资班。

凌启波：到了1951年卫生部给我们拨来了物资。有了投影机银幕，设施更加充实、完备了。在1951年暑假，就开始接收第一期学生。听说卫生部提出3个名额。梁教授认为太少，争取增加到12个名额。全国各地高等医学专业毕业的人来参加病理师资班。

姚开泰，著名病理生理学家、中国科学院院士。1953—1954年，从上海第一医学院毕业的姚开泰参加了由中山医主办的第三届病理师资班。

姚开泰：梁伯强教授很强调基础。所以，前面3个月，我们主要从磨刀开始，因为病理诊断要切片。

除了基础，病理师资班上，尸体解剖仍是梁伯强强调的内容。姚开泰对梁伯强主讲的尸解课程印象极为深刻。

姚开泰：我在中山医一共做过13具尸体。那个时候尸体很多，不像现在。我印象最深的是第一个解剖的尸体是个女的，肺部打开有一个明显的结——切开以后有像牛奶一样的东西流出来。

这具尸体来自一名"脑瘤"病患。当时医生们都认为，患者肺部的结节是结核病灶，而梁伯强观察之后，很快用德语说"这是癌乳"。后经切片检验证实，这名患者的确是肺腺癌伴脑转移。

王连唐（中山大学中山医学院病理学教研室原主任）：梁伯强教授在那个年代是处在新的前沿的。

一些大家，从病理师资班出来的，宗永生、程天明……都回忆了梁伯强的学术建设。

陈灼怀（深圳市人民医院病理科原主任）：他的尸体解剖量，让中山医在全国排名第一。他对每一个尸体解剖都很重视。今天分配给你，你就得完成。经常有尸体来，一天两三个。有时候下午还得来。得赶快吃饭，吃完了，赶紧做，因为那时候没有冰箱，时间拖久了，尸体就腐烂了。

师资班上，学生们用英文、中文交流和记录，并画图。他们跟随老师的讲解，记录下了每一具尸体解剖的详细过程，并形成报告。这些纸页已经泛黄，直到今天，似乎都还弥漫着当时浓郁的学术氛围。

陈灼怀，于1961年中山医学院毕业后，留校进入病理教研室工作，如今仍活跃在病理学研究岗位上。

1964年3月1日，梁伯强和著名放射学家谢志光筹备了6年之久的华南肿瘤医院正式成立。3天后，中山医学院肿瘤研究所成立。研究所面对的第一个大敌，正是有着"广东癌"之称的鼻咽癌。年轻的陈灼怀受命于梁伯强，建立华南肿瘤医院病理科。

陈灼怀：1964年，华南肿瘤医院成立，3个支柱分别是临床、放射、病理，缺一不可。

王连唐：梁教授是广东人，广东最高发的癌症是鼻咽癌。他就下决心研究鼻咽癌，解决病患痛苦。

陈灼怀：他在做鼻咽癌研究的时候，就将鼻咽癌研究分成几个大的部分。他经常解剖，在动物实验、遗传学、组织化学演示方面进行研究。

王连唐：他创建了鼻咽切除的方法，这个是他独创的。鼻咽是鼻子后面嵌在的一个腔。这个腔摊开了，才能看到鼻咽的结构。在那个部位收集了非常多的这样的肿瘤标本以进行科学的分型（分组织学的类型）。治疗根据组织学的类型。现在鼻咽癌的治疗效果非常好。用放疗仪放了就消了。这与梁教授当年的工作是分不开的。

1962年，梁伯强出席在莫斯科召开的第八届国际肿瘤会议，向大会提交论文《鼻咽癌的组织学类型、生物学特性和组织发生学的研究》。他首次提出鼻咽癌组织学分型和"肿瘤间质反应"的概念。这一论断得到国际肿瘤学界的认同。这篇论文被奉为鼻咽癌病理组织学研究的经典文献。

梁伯强还致力于研究当时广东省发病率奇高的肝病，发现华支睾吸虫是引起胆管癌的重要原因。1956年，他发表论文《有关坏死后性肝硬化的问题》，提出中国存在坏死后性肝硬化这一类型，并指出坏死后性肝硬化主要由肝炎病毒感染引起。这为我国的肝病治疗提供了重要的病理学依据。

1964年，梁伯强参加卫生部组织的中国医学代表团赴朝鲜考察"凤汉小体"，没想这一去一回，着凉并患上了风湿性心肌炎，从此，多在家办公。陈灼怀每周都要到他家里以汇报病理科的工作。

陈灼怀：当时，他去朝鲜回来之后就病了，身体不好，就坐在一个摇摇椅上，叫他的保姆放杯茶在旁边。我就向他汇报工作。他没有什么架子。我就像聊天一样向他汇报工作。

然而，灾难降临。1966年，"文化大革命"爆发，高级病理师资班停办。梁伯强被扣上"反动学术权威""黑帮分子"的帽子，被剥夺人身自由，被关押在学校的一处旮旯。

1968年11月28日，因为心脏病复发却得不到及时治疗，梁伯强离世，享年69岁。

陈灼怀：当时，他第一句是问我愿不愿意跟我学病理啊，我说我非常愿意。

钟世镇：他是一位伟大的教育家，同时，也是一位伟人的科学家。他非常慈祥，非常爱护学生。

凌启波：我们结婚没什么形式，就打了报告。过几天，梁教授就出钱，请大家吃饭，祝贺我们结婚，叫上病理科的人一起庆祝。

凌启波夫人：我们本该第一时间去探望他，但我们没有，相反，他经常来看我们。他很关心我们，关心启波。

陈灼怀：他很朴素，夏天时穿短袖短裤，戴着金丝眼镜跟一顶凉帽。他几乎都讲客家话。

梁伯强的墓地，两只鸽子各自飞走。如今，梁伯强与妻子余绍娥同葬于老家梅州郊区南榕仙庄。

在中山大学医学科技综合楼三楼的中山大学医学标本馆里，有这样一幅匾额——"向器官和遗体捐献者致敬"。这句话，曾经是梁伯强的疾呼，如今深深镌刻在每一位后来者的心里。

1965年，中山医学院病理学教研室尸解总数达到7 689例，居全国之首，成为教学和科学研究的宝贵资料。到现在，尸解总数达9 844例，位列全国前茅。病理标本数目可观，存放于专设的展览馆，梁伯强梦寐以求的病理学资料库终于初具规模。这个资料库在很长的一段时间闻名全国，不仅由于它的资料丰富齐全，更因为它的创建者梁伯强赋予了它一套科学、规范的管理格式，被业界称为"梁伯强格式"。直到现在，国内医学院校在病理学管理制度、尸解程序和记录等方面都在不同程度上以"梁伯强格式"为模本。"文化大革命"后，1982年，卫生部重新确认教研室为病理学教师进修基地。1954年，开始招收研究生。改革开放后，该教研室成为硕士和博士学位授予单位。

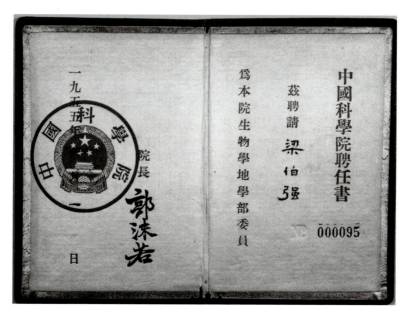

1955年，梁伯强的中国科学院学部委员聘任书

1956年，梁伯强在进行研究工作

1959年,梁伯强指导病理师资班实验

1999年11月,梁伯强培养过的四名院士
钟世镇、甄永苏、姚开泰、程天民探望梁师母时留影

梁伯强于20世纪30年代使用过的水浴恒温箱（小），病理学研究所于20世纪40年代使用的德国造水浴恒温箱（大）

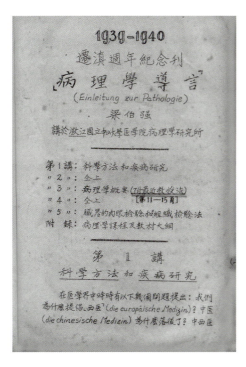

梁伯强译《病理学导言》

梁伯强的《病理解剖学各论》

澂江小西城关圣宫，中大医学院曾迁此
（前排穿浅西装者为梁伯强）

林树模 篇

(1893—1982)

林树模，于1931年任英国爱丁堡大学生理学系研究员。1932年，回国在协和医学院生理科执教。1937年后，历任岭南大学医学院、华南医学院、广州医学院和中山医学院教授。曾任生理教研室主任、基础部主任。广东省第四届政协委员。20世纪二三十年代，面对国内科研基础和仪器设备差、环境艰苦、众多研究领域均处于空白状态的困难，他在血液化学、物质代谢、消化生理和内分泌生理方面进行了多方面的研究工作，并做出了卓越的贡献。

● 志 传

　　林树模，中共党员，中山医学院（中山医科大学）部聘一级教授，我国著名的生理学家，医学教育家。

　　林树模，号竹筠。1893年6月17日出生于湖北省鄂城县林家畈村。幼年时，其父离家闭门读书，潜心科举。家中收入不丰，不能供其求学。因此，由本乡商人资助读书。不久，其父中举，被派为河南扶沟县县令。他与母等一家随往河南，入私塾，读四书五经。后经友人介绍，他于1910年进入武昌文华书院就读。临行前，其父嘱咐"立志读书"。少年林树模听从父训，埋头读书。6年后，以优异成绩毕业，怀抱解除民众疾苦，拯救"东亚病夫"之心，考入湘雅医学院，后转入上海圣约翰大学医学院就读。于1922年毕业，获医学博士学位。此时，其父官场失意，家道中落。林树模幸得其妻毛玉棠家资助其赴美国宾夕法尼亚大学学习三年，获理学博士学位。1925年，返回祖国。

　　学成后，他由刘瑞华（协和医学院耳鼻喉科专家，在美期间认识）介绍到协和医学院内科工作，从事血液化学研究。由于该科绝大多数医护人员是美国人，他们与中国人很不协调，于是，他常到生理科去协助林可胜（当时，林可胜是科主任，中国现代生理学奠基人）做实验，深得林可胜的赏识。1930年，林树模被调到生理科任教。1931年，由林可胜推荐到英国爱丁堡大学生理学系任研究员，对胃液分泌的调节进行研究，1932年，林树模回国，继续在协和医学院生理科执教，仍从事胃液分泌调节的研究，并在这一领域取得了丰硕成果。

　　1937年，广州岭南大学创办医学院，新任院长黄雯赴北京协和医学院，招聘生理学与生物化学教授。林可胜认为林树模可兼任两科教授，便推荐其来广州，应聘为岭南大学医学院生理学和生物化学主任教授，创建当时国内一流的生理学实验室和生物化学实验室，开设生理学和生物化学两门课程。1938年，日本侵华战争南进，岭南大学迁往香港，兼任医学院院长的林可胜与香港大学联系，借用该大学继续上课。1941年，太平洋战争爆发，香港沦陷，岭南大学又被迫迁往粤北韶关，继续开学。1944年，韶关沦陷，林树模又辗转贵阳，在林可胜主持的卫生人员训练所任教。半年后，他到重庆，任中央医院检验科主任，并兼任迁渝的湘雅医学院生理学教授。抗战胜利后，于1946年回广州岭南大学医学院继续担任生理学和生物化学教授。中华人民共和国成立后，在院系调整时，中山大学医学院、岭南大学医学院和光华医学院合并为中山医学院，林教授曾任生理教研室主任。1966年2月18日，中山医学院为加强对前期、基础各教研组的领导，更好地贯彻党的教育方针，促进各项工作的革命化，决定成立前期基础部，负责领导前期、基础十八个教研组及有关研究单位进行教学、科研、师资培养等工作。林树模兼基础部主任。

林树模一生发表了大量有价值的论文，重要的有：《身体脂肪之来源》《脑脊液蛋白之测定》《康健之中国人血中化学成分之研究》《检查血中化学成分对于诊断及治疗之价值》《大脑垂体与尿中盐类成分之关系》《患黑热病人血清中蛋白质之分配》《营养不良性水肿、血清蛋白质与水肿发生之关系》及《几种无机盐对水肿之影响》《食品内之油质之增减与血中脂肪质之关系》《胃之脂类代谢与高复体之关系》《肠黏膜内之血压抑制质，胃制止素之提纯》《脂肪制止胃分泌机制，肠黏膜所含之制止胃分泌素》《测定微量血液中胆固醇之法》等。上述论文先后发表在《中国生理学杂志》《中华医学杂志》《美国生物化学杂志》《美国实验生物学和医学杂志》《美国临床研究杂志》等国内外重要刊物上。

林树模非常关心生理科学的发展。除了努力开展生理学科研工作，他还致力于加强我国生理学者之间的联系，发展我国生理学术交流工作。他是中国生理学会最早期的会员，历任中国生理学会理事；大力支持《中国生理学杂志》（《生理学报》前身）的工作，积极参加生理学会各种学术活动。1935年，他作为中国生理学代表团成员，曾赴列宁格勒参加第15届国际生理学大会。1955年，林树模组织广东省生理科学工作者成立了中国生理科学会广东省分会，并历任分会的理事长，大大推动了广东省生理科学的发展。1980年，成立广东省生理学会，德高望重的林树模，当选为名誉理事长，继续关心学会的各项活动。

林树模知识渊博，他在医学院不仅讲授生理学，而且还讲授过生物化学和药理学。他讲课善于纵横联系、深入浅出。例如，讲授"水电解质平衡"这一内容时，他把水电解质的摄入、泌尿系统、呼吸系统、血液循环等有关理论有机地联系起来，使学生能够透彻地理解正常人体通过各有关器官系统共同作用维持水电解质平衡。这样的讲课颇受学生的欢迎，以至于有一年，林树模由于要讲授研究生的课程，而未担任本科教学，本科学生纷纷要求其上课，表现出学生对一个好教师的高度敬仰。

在教学中，林树模要求学生多动手做实验，勤思考。生理学是实验性学科，实验课是重要环节，他要学生自己按照实验指导完成每个实验，并根据实验结果进行分析讨论，得出结论，按时写出实验报告。实验报告须得到教师签名认可，否则要重做。如果实验不及格，不准参加理论考试。这种严格要求和培养学生独立工作能力的做法，曾取得良好的效果。中华人民共和国成立后，他在总结以往实验课教学经验的基础上，于1950年编写并出版了具有学术特色的《生理学实验》和《生物化学实验》两本教材。

林树模从事医学教育工作50多年，为祖国培养了大批医学人才。他曾陆续培养了一大批生理学研究生和进修生。他们学成后，在各地的生理学教学和科研工作中起到了骨干作用。

林树模于1982年3月1日在广州逝世，享年89岁。

◯ 忆 述

1893年6月17日，林树模出生于湖北省鄂城县林家畈村。

1894年7月25日，甲午战争爆发，此时的林树模刚满1岁，他生长于中华民族的民族危机不断加剧的时代，在动荡中成长。

时代巨变的大潮，将一位少年推上了"学医救国"的道路。1917年，林树模考入长沙湘雅医学院。3年后，他转入上海圣约翰大学医学院。1922年，他以优异的成绩获得医学博士学位。

当时，赴欧美深造之风日盛。在妻子毛玉棠家族的资助下，林树模决定，也要去西方"取经"。

背井离乡的求学之路艰苦而漫长，林树模一刻也不敢放松，用3年时间从美国宾夕法尼亚大学取得理学博士学位。

1925年，32岁的林树模归心似箭，怀着救国救民的满腔热情，返回祖国。

林舜英（林树模的幺女）：他是中国人，他总（觉得）应该回到中国工作。

东长安街与王府井的交界处，为京城繁华之地，这里人来人往。始建于1921年的北京协和医院就坐落在这里。协和医院由洛克菲勒基金会创办，建院之初，就志在"建成亚洲最好的医学中心"，面向全球招募医疗卫生人才。

学成归来的林树模，选择在这样高水平的医院开始自己的职业生涯，接受了内科医师的职位。

血液化验，是现如今各大医院常用的检查项目。其中，最简单的血常规检查，患者只需要在窗口被扎一下手指，提供几滴指尖血，等上十分钟就能得到一份化验报告。

报告单上，除了患者血液的化验结果，还有一套血常规正常值指标。医生通过比对这两组数据，来观察人体血液中各种细胞数量的变化及形态分布，由此对患者的健康状况做出诊断。

这套血液生化检查正常值的背后，有着一段鲜为人知的历史。

20世纪之初,中国社会发生了巨大转折。中央集权帝制被革命推翻。西方的现代科技,比此前更大规模地涌入中国。

在中国的西医院,引进了血液检查,但血液正常值的数据直接照搬了欧美标准。

潘敬运(原中山医科大学基础医学院副院长):你看外国人的身高就比我们高很多,外国人的饮食不一样,他的正常值也可能不一样。外国人的正常值有一个范围,中国人的正常值也有一个范围。你拿外国人的常数来比较中国人,这得出的数就不正确了。

血液生化检查正常值是一套参照标准。标准有偏差,必然影响医生诊断疾病的准确性。轻者不能对症下药或者用药剂量有偏差,延长病程;重者造成医生误诊,危及病人生命。

随着西医在中国的发展,越来越多的医生认识到这个问题。但是,从零开始研究建立中国人的血液化验正常值并不是一件容易的事情。从设备齐全的实验室,专业的人才团队,到高效的检测方法,缺一不可。前后数位医学研究者对这个课题拿起又放下。

直到1925年,北京协和医院内科医师林树模决定担起这项重任。

和当时所有的西医院一样,协和医院的血液生化检查也是对照国外的正常值标准。进院不久,林树模就发现了这个问题:患者的化验结果往往不能正确反映病情,对医生的诊断产生了很大的干扰。

能不能建立一套适合中国人的血液正常值标准呢?

他考察了当时协和医院的情况,认为在技术和设备上已经具备了基本条件。他决定,自己来担起这项重任。

然而,工作开始不久,林树模就遇到了一个棘手的问题。

当时医院的化验部门采血使用大针管,一次采集50毫升的血液只能检测一个小项,多测一个项目就需要多采血一次,反复多次采血常常引起供血者的恐慌。

但建立血液正常值标准需要对大量血液样本进行研究,林树模思考着,有没有办法,能用少量的血液样本来完成成分测定呢?

潘敬运:他做了好多血糖、糖尿量、非蛋白氮、肌酐、尿酸等一系列的成分样本。他用改良的方法,只需要一个小血量的标本,进行微量检测,那就省了很多工夫了。

新的测定方法大大减轻了供血者的心理负担。林树模和同事先后对100多份来自不同人的血液样本进行实验研究，测定出健康人和各种疾病患者的血液成分。

经过整整5年的努力，1930年，林树模和同事们终于建立起第一套中国人自己的血液生化检查正常值。这项研究中创新的小血量样本测定方法被编写成《临床血液生化检验法》出版，被全国各个医院的化验科室采用。

王子栋：在临床上，就有参考了，就很重要，在疾病的诊断方面都要参考这些数值。

林树模主持建立的这套中国人血液生化指标正常值，在临床上一直沿用到中华人民共和国成立，为医学诊断提供了重要依据，也为我国生理学、病理学等学科的研究发展打下了坚实的基础。直至20世纪50年代，新的血液成分值测定方法出现，血液指标随之修正，并不断发展完善。

血液研究的成功，让林树模在医学界崭露头角，也引起了协和医学院生理学系主任林可胜的注意。林可胜找到林树模，建议他调来生理学系，专攻内分泌研究。

毕业于英国爱丁堡大学医学院的林可胜，是协和的首位华人系主任，在协和率先发起生理学的实验教学，带领同事们边教学、边开展高水平的研究工作。

林树模被这样的学术氛围吸引，欣然接受了林可胜的邀请。

陈培熹（原中山医科大学生理学教研室主任）：林可胜教授就送他到英国去。他到英国爱丁堡大学，专门研究胃液分泌。

一年的进修学习开阔了林树模的学术视野。回国后，他和林可胜一起开始了对胃的内分泌研究。通过动物实验，他们发现了一个有趣的现象，当狗吃下含有脂肪的食物时，胃液分泌就明显减少了。

潘敬运：脂肪进入到小肠，和小肠黏膜接触以后，小肠黏膜里面就会分泌一种物质，这种物质分泌出来以后，通过血液，再流到胃里面，来抑制胃液分泌，减少胃液分泌。

林树模将这种物质命名为"肠抑胃素"。

俗话说"十人九胃病"，中国人群中胃病高发的一个主要原因就是胃酸分泌过多，也被称为"胃酸过多症"，是引起胃溃疡和十二指肠溃疡等疾病的重要原因。而"肠抑胃素"的作用就是减少胃酸分泌。如果能提取出"肠抑胃素"由静脉注射进入人体，是否就能解决患者"胃酸过多"的问题？

1932年，林树模的研究团队成功制备了具有抑制胃分泌活性的小肠黏膜提取物，并对"肠抑胃素"的生理机制进行了深入研究，其成果发表在当年的

《中国生理学杂志》上。"肠抑胃素"是世界医学史上第一种由中国人发现的人体激素，引起了国内外的高度关注。

潘敬运：这一段时间的研究是在 1929—1934 年。这是我们消化生理学里面的一个很重要的发现。林树模要做的，是提纯这种"肠抑胃素"。

在血液和内分泌研究上的成就让林树模声名鹊起。

正在物色人才的岭南大学医学院院长黄雯，将目光锁定在了林树模身上。

在 20 世纪 30 年代，当时的广州岭南大学医学院甚至还没有开设生理学课程。新上任的黄雯院长亲赴北平，向林树模抛出橄榄枝，希望他能来广州，为岭南大学医学院创建生理学科。

此时，林树模在协和的事业正进入成长期，去不去广州，他有些犹豫。而黄雯三番五次的邀请盛情难却，恩师兼好友林可胜也建议林树模南下发展。

经过几番思量，林树模应允了黄雯，出任岭南大学医学院主任教授。

1937 年 7 月 7 日清晨，林树模一家人匆匆前往火车站，登上了前往广州的火车。当晚，卢沟桥事变爆发。

林舜英：我们决定来的那一天，恰巧发生了七七事变。

林传骝（林树模三子）：假如我们晚一天走的话，就根本出不来了。

一抵达广州，林树模就得到了北平沦陷的消息。协和医学院未能幸免，很快就被日军侵占，还祸及医护、教职人员。

林树模万万没想到，正是南下广州的决定，让一家老小逃过一劫。

今天的康乐村，一栋栋小楼掩映在繁茂的树林当中，基本上保留着旧时的模样。

1937 年 7 月，初到岭南的林树模在这里开始了全新的生活。

他全心投入到医学院生理学科的创建工作中，从实验室的设计建造到器材采购、课程设置，一切亲力亲为。他规划中的岭南大学医学院生理学科，要尽量接近或达到协和的水平。

王子栋：他也是仿效协和实验室的设备配备来做的，有多方面是相似的。

存放在广东省档案馆里的资料，详细记载了当时岭南大学医学院生理学实验室的设备配置——血球计算器 3 套、狗颈固定器 8 个、外科器件 223 件。这些都是按照林树模列出的清单来采购的，相关公文则由黄雯院长亲自审批。

林树模一人兼任生理学和生物化学两门课程，沿用协和的实验模式开展教学。

潘敬运：生理学中很多得出的结论，都不是凭空想出来的，是要通过实验得出来的。一般要做 4 次实验才能得到完整结果，往往做到第二次、第三次就不得不终止，因为动物死了。

陈培熹：你加这个药进去以后，它是加快死亡的，加快得厉害一点。加快得没那么厉害，都会出现不同的结果，需要对此做分析。

陈助华（原中山医科大学生理学教研室教授）：知道了这个规律，你就可以从这里对疾病对医学对各个方面进行研究了。有了这个基础以后，那么你就可以继续进行研究了。

林树模还重启了对"肠抑胃素"的研究，他想要验证自己的假设，如果用注射"肠抑胃素"来抑制胃酸分泌的方法可行，将可为许多胃病患者减轻痛苦。

然而在 1938 年 10 月，日军在大鹏湾登陆，广州城迅速沦陷，岭南大学全员撤离，林树模的实验室暂停工作，"肠抑胃素"的研究被迫中止了。

林传骥：日本人轰炸广州比较厉害。为了安全起见，父亲先把我们这些年幼的小孩送到香港，他跟我的哥哥、姐姐还在医学院上课。

林舜英：我父亲好像是形势很紧张的时候，最后的时候，那时候已经没有轮船了，他们就坐那个小木船去的（香港）。一到香港的时候，我二姐就很紧张地跟我们说，快点打点水给爸爸喝，因为他一直没有喝水，也没有吃饭。

1938 年 10 月底，岭南大学各部主管人员及百分之九十的学生聚集到了香港。11 月 15 日，借用香港大学校舍复课。林树模临危受命，担任岭南医学院代院长，一心只想着尽快恢复教学秩序。

林传骥：他白天出去跑，我们根本看不了他。晚上他回来，准备课程的这些事情。有时候我还帮父亲绘制一些上课用的图表。

不料，蜗居香港仍难逃战争的厄运。1941 年 12 月，太平洋战争爆发，香港沦陷，岭南大学又一次被迫迁移。林树模不得不再一次停下刚入正轨的工作，携家带口跟着学校一起撤离。这一次，师生们从香港返回内地，北上广东韶关。

到达韶关后，国民政府和美国基金会协助岭南大学在曲江大村复校，而医学院暂驻韶关。

战火连绵，教鞭难执。身处粤北山区的岭南大学，各种物资供应都有限，校方根本无暇顾及实验材料的供给。林树模只得就地取材：到野外捕兔子，到草丛里抓青蛙，去农户家里买狗，坚持进行实验教学。

林传骥：父亲礼拜六到礼拜一在城里处理医院的事情。礼拜二到礼拜五到大村去上课。

抗战期间，林树模随岭南大学先后辗转于广州、香港、韶关、贵阳、重庆等地。每到一处必在途中辗转数十日，到达之后往往是匆忙复课不久就要再次撤离。

但林树模对环境的变故处之泰然，应时而变，因地制宜，只要还有学生，便复课、实验、教学。

林传骝：人家说为什么这么艰苦还坚持，他就说他这一辈子就是发展医学科学，培养科学人才，这是他的职责，他不可能撂挑子。

1949年10月1日，中华人民共和国成立。已经回到广州的林树模，在广播里得知了中华人民共和国成立的消息。两周后，10月14日，解放军进军广州城。

岭南大学医学院的教学秩序恢复得很快，林树模继续教授生理学和生物化学两门课程。

1953年，中山大学医学院、岭南大学医学院和光华医学院经院系调整后合并成为中山医学院，林树模担任生理教研室主任教授。

林树模深明：身教最可贵，知行不可分。他将工作的重点转到教学上来，把多年积累的实验经验编写成《生理学实验》和《生物化学实验》两本书，嘉惠后学。

学生们都还记得，林树模总在课堂上强调：凡涉科学，则无小节。每个实验，他都要求学生用论文的标准完成实验报告，稍有马虎即需重写。

潘敬运：他上班时，就在那埋头帮我改，用铅笔，不但这个内容的前前后后要修改，甚至标点符号都帮我改，改得非常认真。

林树模坚持发展源自协和医学院的实验教学模式。在与师资班学生王子栋的通信中，林树模这样写道：这学期，我要采用新的学习方法，大班上课，小班实习，同时开始科学研究工作……

林树模信中所指的"科学研究"就是针对他一直念念不忘的"肠抑胃素"，他组建了新的团队，又一次启动了相关研究项目。

1964年，在中山医学院科学讨论会上，排名前三的新发论文，都来自林树模团队对胃液分泌机制的研究成果。

然而，1966年，"文化大革命"开始，林树模的工作再一次被迫中止。

林舜英：他的办公室被人家锁上了，他进不去，既不能够回教研室去，又得不到任何关于他自己学科的任何信息，一些新的进展什么的，他都不知道。

10年后，终于雨过天晴，但林树模已经83岁高龄。1982年3月1日，林树模因急性胰腺炎在广州辞世，终年89岁。

此时，林树模的学生潘敬运试图继续进行有关"肠抑胃素"的研究，却发现国外的相关研究已经超前了许多，无奈放弃。

潘敬运：很可惜，到现在还没有分离出"肠抑胃素"，也不知它究竟是什么东西，直到今天的国外教材还是引用这"肠抑胃素"。

"肠抑胃素"虽然最终成了林树模的遗憾，却作为生理学重点词汇，永远地留在了教科书上。

林树模一生经历了晚清、民国、中华人民共和国三个时代，饱尝世事变迁和颠沛流离。他将生命的大半贡献给了生理学、生物化学的研究和教育。发表了大量极具价值的学术论文，为祖国培养了大批生理学人才。

他强调生理学的基础意义，为寻求真理上下求索。

他常对学生们讲："生理学家是什么？是人类健康的良知，应该坚持不懈地向前探求。"

1964年11月，林树模（左一）参加中山医学院校务委员会会议

1947年，林树模（前左四）与岭南医学院新生合影

1959年4月,林树模(二排右一)与参观生理教研室组的印度塞恩教授合影

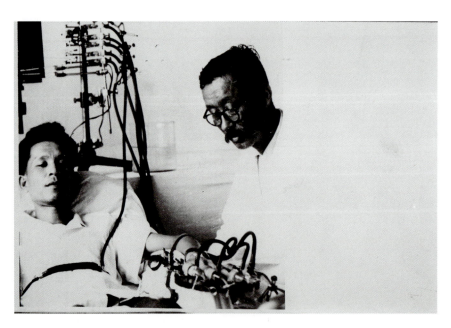

林树模在开展教学、科研工作

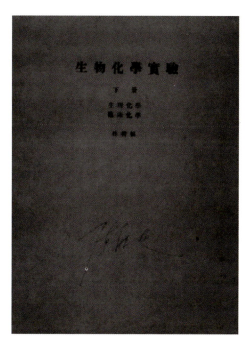

林树模的《生物化学实验》(下册) 封面

《神经系统对胃液成分分泌的影响（一）不同的小胃的胃液分泌（初步报告）》

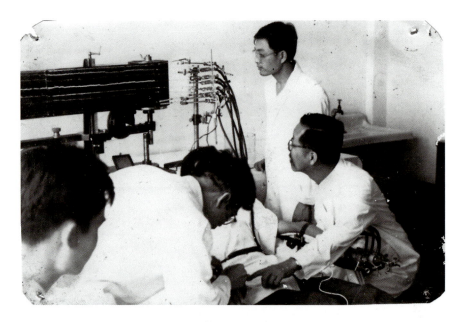

林树模进行生理实验

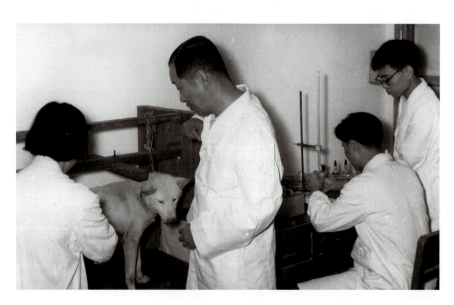

林树模指导实验

陈耀真 篇

(1899—1986)

陈耀真，我国现代眼科学奠基人之一，1934—1937年任山东齐鲁大学医学院教授。1950年后，历任岭南大学医学院、华南医学院、广州医学院、中山医学院和中山医科大学教授，曾任眼科教研室主任、中山眼科中心名誉主任。1962年主编我国第一部全国高等医学院通用教材《眼科学》，于1964年成为我国第一代现代眼科学专家组成的《眼科全书》编辑委员会的十名编委之一，参与组织编写中国第一套眼科全书，全书的第一卷于1965年出版，有署名文章《我国眼科学发展概况（一）》。于1980年发表《我国古代眼外伤史简述》，于1982年翻译出版《彩色眼科学图谱》，并将2 000册专业书籍赠送给国内眼科同行。1986年4月，在美国召开的美国视觉与眼科学研究会获"功勋奖"（Recognition Award）。

志 传

著名的眼科学家、医学教育家陈耀真,是我国现代眼科学奠基人之一,新中国眼科学领域的主要领头人之一,曾任中华医学会眼科学会名誉主任委员、中国医学科学院临床医学委员会委员、卫生部医学科学委员会委员、《中华眼科杂志》名誉主任和副总编辑、中山医科大学中山眼科中心名誉主任、一级教授。他一生经历了80多年的风雨历程。从我国清末民初的动乱到抗战时期的流离,到中华人民共和国的诞生,经"文革"劫难,再到改革开放等各个不同历史时期,都留有他忠于祖国和人民,热爱眼科事业,竭诚为患者服务,勤奋苦学,诲人不倦,艰苦创业,为人师表的人生足迹。

陈耀真是广东新宁(今台山)人,生于1899年,16岁时,其父突然病逝,家道中落。为扶养母亲及弟妹,他中途辍学,到其父早年在香港开的一间眼镜店工作。1921年,时年22岁的陈耀真考入美国波士顿大学,在这里度过了六年系统学习的生活,掌握了西医理论,先后获得理学士、医学博士学位,随即在美国底特律福特医院担任实习医生1年。

1929年,陈耀真应聘为美国约翰·霍普金斯大学魏尔玛(Wilmer)眼科研究所研究员。魏尔玛眼科研究所聚集着各国最为优秀的眼科拔尖人才,在国际眼科学界一直保持领先地位。陈耀真在魏尔玛眼科研究所从事眼的生物化学构成、视网膜色素变性病理等研究。先后在《美国眼科杂志》《美国生理学报》以及德国、古巴、菲律宾等国刊物上用英、德、法、西班牙等文字发表了《结膜、脉络膜和虹膜的化学结构》《结膜非溶性蛋白分析》及《角膜钙化(带状角膜炎变性)并发结膜改变》等9篇论文,得到很高评价。1934年,陈耀真谢绝了美国同仁的挽留,辞别了工作和学习的母校,回到自己的祖国。

1934年至1937年,他在山东的齐鲁大学医学院任眼科教授,传授现代眼科知识;组建济南眼科学会,开展眼科学术活动;深入济南孤儿院,为患童查治眼病。抗日战争初期,陈耀真任华西、齐鲁、中央大学等校联合大学眼科教授,并任华西协和大学医学院眼科主任。1941年12月29日，他又倡议和成立了"成都眼科学会"，并当选为该会第一任会长。1942年，他在医院门诊附设为体力劳动者免费就医的诊室。1944年，他带领医疗队深入四川西北阿坝藏族地区考察眼病。1945年10月，陈耀真与同行创办了英文中华医学杂志成都版（季刊），出版13期（其中一期为眼科专刊），载文161篇，作为国际文献交流资料，收进了因抗战而可能失散的部分医学文献。同时，该杂志附加发行《医学摘要》（Medical Abstract）向国内介绍国外医学期刊的文献摘要。

1938—1948年，他继续在《中华医学杂志》等刊物发表眼科论文18篇。其中，关于"重瞳"的研究指出，我国有关史料记录的重瞳，是世界上关于瞳孔异常最早的记载。另外，用英文在《中华医学杂志》上发表的《巩膜脓肿》《眼睑结核瘤》《Lucilia丝状绿瓶蝇引起的结膜蝇蛆病》《蓝巩膜合并鼻骨缺损》《眼眶放线菌病》等论文，及时向国际同行介绍我国眼科学研究的成果。同时，借助所诊治的病人，通过文章仔细向国人介绍有关眼病的病史、临床资料、诊治方法与要点，集各家所长，携学子共进，这在《线状网膜炎》《砒毒性脱皮性结膜炎与角膜炎》《日食性网膜炎》《网膜神经胶质瘤》等文章均可为范。在《网膜神经胶质瘤》一文写道："本文之病案经手术后已一载半，毫无恶瘤再发之现象。在我国中得以如此长久观察一网膜神经胶质瘤案，诚属创举，将来五年或十年后，若仍能继续检查本患者，必将研究所得，供诸同道。"可见其对事业的执着与赤诚之一斑。

1950年，陈耀真携全家来到广东，同夫人毛文书教授一起应聘在广州的岭南大学医学院，担任教研室主任。1952年，陈耀真的《梅氏眼科学》译著由中华医学会印刷出版，解决了国内眼科教材方面的燃眉之急。受卫生部的委托，1953年起举办全国眼科医师进修班，在承担学院本科生教学的同时，培训为期一年的进修医生。1955年5月，他代表中华医学会前往苏联参加眼科专家费拉托夫院士80寿辰大会，并在会上介绍我国眼科学研究的一些情况。

1952年4月，根据国家《关于改革学制的决定》，我国高等学校进行院系调整工作。广州的岭南大学医学院、中山大学医学院和光华医学院三院调整合并为"华南医学院"（于1957年更名为中山医学院），陈耀真教授担任眼科教研室的主任。他以谦和的态度和学者的胸怀团结来自各院的眼科同仁和逐年调入的眼科骨干，无论是原三个医院的医生，还是从国外留学归来、从外省调来或自己培养毕业后留校的人员，他都一视同仁，不抱门户之见，按每个医生的专业所长和兴趣特点合理分工和安排工作，充分调动起各方人员的积极性，满腔热情地投入新校新教研室的业务建设工作。

1955年8月始，他开始招收和培养我国第一批眼科学研究生。1962年，受国家委托，陈耀真教授担任我国第一部全国高等医学院校通用教材《眼科学》主编。

1963年，开始筹建眼科医院。1965年，中华人民共和国成立后的全国第一间眼科医院创建。1950年至1965年的15年中，他在中外有名的医学杂志上发表论文56篇，其中挖掘与总结祖国古代眼科史料和医学思想的就有11篇。1966年至1976年，文化教育遭到空前劫难，他和夫人分别被扣上莫须有的罪名被关进"牛棚"，病中的陈教授重获自由时已是77岁高龄。他迫不及待地把目光和精力投向执着的事业。他整理发表了论文《眼部的犬弓蛔虫病》，又发表了专题研究论文《视网膜色素变性》。

1977年，他调往北京，任中国医学科学院首都医院眼科教授。同年，恢复了研究生招生制度，他又开了我国眼科学教育的先河，招收了生物系生物物理专业人员从事眼科的视觉生物物理研究。1980年，随着《糖尿病的眼部暗适应功能计算机分析》通过医学硕士学位论文答辩，从眼科学角度展开的视觉生物物理研究在我国医学界得到发展。

1980年，他在重新总结、整理祖国眼科遗产的大批资料中，整理发表了《我国古代眼外伤史简述》。同年5月，他重去阔别46年的故地——美国出席魏尔玛（Wilmer）眼科学年会，到会作《中国眼科与美国Wilmer眼科研究所》的演讲，赞扬科学家在学术上的互助与友谊，介绍了中国眼科学的发展。1981年和1982年，他分别应邀出席美国、日本等的眼科会议。在全美眼科学会1981年年会上，他被推选为"贵宾"，这是该学会成立86年来首次由中国眼科学家获得的殊荣（同时当选的还有他的夫人毛文书教授）。在1981年度日本眼科学大会上，他宣读了自己新的论文——《华佗，中国外科之父》，弘扬祖国医学的光辉历史，引起日本学术界热烈反应，很快在日本的权威杂志《临床眼科》上全文刊出。1982年，他亲自翻译了《彩色眼科学图谱》。

1980年，他重新兼任中山医学院眼科医院名誉院长。1983年，在他和夫人——我国眼科学著名教授毛文书的共同倡导下，卫生部批准在广州中山医科大学成立我国第一个集高等教学、临床医疗、前沿研究和防盲治盲多种功能于一体的眼科中心——中山眼科中心。该中心下设眼科研究所、眼科医院、防盲治盲办公室三个机构。陈耀真担任该中心的名誉主任。该中心的成立，成为我国眼科学跟踪国际上本学科前沿水平的重要基地。

1985年，中山眼科中心在广州召开了国际眼科学术会议，暨祝贺陈耀真教授回国执教51周年，眼科医院建院20周年。这是在中国首次召开的国际性眼科学术会议。1986年4月，在美国召开的美国视觉与眼科学研究会上，来自世界各地的眼科专家们以敬羡的心情，一致通过授予为自己祖国的眼科事业奋斗半个多世纪的陈耀真以"功勋奖"（Recognition Award）。

陈耀真于1986年5月4日在广州病逝，享年87岁。

◯ 忆 述

　　2012年6月3号，一架特殊的飞机降落在广州新白云国际机场。

　　此后的两周当中，40余位眼病患者在飞机上的手术室里，接受了由世界顶尖眼科专家实施的免费手术。这不仅是手术，同时也是教学。飞机前段的舱室里，40多位年轻的中国眼科医生，聚精会神地观看手术实时影像，担任教学任务的眼科专家在一旁讲解手术过程。这是世界上唯一的眼科飞行医院——奥比斯眼科飞行医院与广州阔别30年后，再一次回到这里。

　　奥比斯上一次也是第一次访华是1982年，当时中国改革开放不久，要让一架外国飞机降落在广州机场并停留一月之久，几乎是一项不可能完成的任务。但中山眼科中心创始人陈耀真和毛文书二位教授决心要促成这次交流。

　　机缘则来自二人两年前的一次出访。

　　1980年，眼科教授陈耀真和毛文书应邀作为贵宾参加美国威尔玛临床眼科年会，这正是陈耀真年轻时求学的地方。年会上，陈耀真见到了许多老朋友，包括国际现代眼库创始人汤利·派顿的儿子大卫·派顿。陈耀真和大卫的父亲曾是同事，在学术上交往颇多，感情深厚。而大卫·派顿是奥比斯眼科飞行医院的创始人，父辈的渊源让他产生了大胆的想法——带领奥比斯访华。

　　1981年3月，大卫·派顿致函陈耀真和毛文书，提出了奥比斯眼科飞行医院到中国访问的建议。

　　吴乐正：（派顿教授）信上写的是，陈耀真教授在我的童年，就已经认识了，他是当时我父辈很好的眼科医生。就是说，那是很亲近的家庭之间的感情。

　　陈之昭（陈耀真三女，美国国立眼科研究所免疫病理室原主任）：当时派顿教授只有3岁，所以我爸爸还笑他，说他还记得。

　　陈耀真夫妇收到派顿的来信，相当兴奋。"文革"期间，眼科学发展几乎止步，眼下正是百废待兴，如若奥比斯能成功来华，将是国内眼科医生一次难得的学习机会。

然而，当时即使是在改革开放前沿的广州，要让一架外国飞机进入中国并在机场长时间停留，也困难重重。

高汝龙（陈耀真学生，中山大学中山眼科中心，眼底病科原主任）：一架外国飞机停留在飞机场，以前是没有先例的。

葛坚（中山大学眼科中心原主任）：因为当时的政策界限在那里，国外的飞机需要将近一个月停留在这里，非要有逐级特批才行。广东省批还不一定行，还要通过空军，因为这是空军管的。空军同意，才能批给你。

毛文书明白，要促成这件事必须得到国家层面的支持。1981年8月，毛文书通过当时直属卫生部的中山医学院提交申请。1981年9月22号，卫生部将文上报国务院，3天后国务院4位副总理批复：允许奥比斯访华。

高汝龙：能不能在那个地方，他们要绝对相信，这个就是陈教授、毛教授在我们领导人中间，对他们的信任。

葛坚：不但对眼科，对其他领域的发展，对其他领域的国内外交流，也起了一个借鉴作用，真是天时地利人和。

1982年9月21号，由美国休斯敦贝勒医学院和库伦眼科研究所大卫·派顿博士组织的奥比斯眼科飞行医院，应邀首次到访中国，飞抵广州，停留在白云机场，开始了为期18天的流动眼科教学活动。

高汝龙：飞机不但可以用来做治病的场所，它还是一个很大的教学基地。在飞机里面做手术，它有直播到外面的课室，所以看的人很多。不仅是我参加手术能看到，据说有1000多人次学习了这次的教学。

葛坚：全部是现代化的东西，夸张地说，等于是穿越了。我记得有3个手术台。外面的大夫就一致排好，就在看。

高汝龙：因为眼睛本身已经很精细了，我们最多就戴个放大镜来做手术，所以，手术做得总是比较粗糙。他们开始用显微镜做手术，就从那以后，我们就从显微手术开展。

奥比斯飞机访华期间，外国专家们共做了34例手术，6例激光治疗。并演示了先进的眼科"三联手术法"，让中国的眼科医生大开眼界。

高汝龙：就是同一个病用三种手术方法合在一起，在一个眼睛上做，当时觉得非常神奇。

葛坚：这是中国眼科发展史上相当重要的里程碑事件，中国眼科走向现代化重要的起点。陈耀真、陈毛夫妇他们穿针引线，起了重要的作用，相当关键的作用。

高汝龙：没有陈教授、毛教授就不可能办成这次奥比斯访华。

这一年，陈耀真已经83岁，他见证着自己钟爱的眼科学事业，正焕发新生。

1899年冬至夜，陈耀真出生。他的父亲陈联祥，是获得哈佛大学化学系学士学位的第一位华人，母亲为香港闺秀。

举家迁往香港时，陈耀真12岁，不久便以优异的成绩考入香港有名的皇仁书院读中学。

陈耀真聪颖好学，十几岁就能到大学协助父亲为学生补习英语，被大家称为语言"小老师"。

陈之昭：他对语言比较有兴趣，也愿意念，像他，除了英文，他还懂德文，中华民共和国成立后他还会学俄文，他有一种语言的天赋。

陈又昭（陈耀真次女，中山大学中山眼科中心副教授）：他没有专门学过那些课程，没有到学校去念，都是自己自学的。他发表了好几国文字的论文。

然而，人生的变故总是猝不及防。1917年，正直壮年的父亲陈联祥急病去世，陈耀真被迫中断学业，在父亲早年开办的眼镜店里做工，担起养家糊口的重任。

也就是在这里，陈耀真找到了自己为之奋斗一生的方向。

陈之昭：我很记得我爸爸经常说，那时候中国的瞎子真的很可怜，常常是一串一串的，扶着肩膀，带着那个棍子。他们在街上走啊、叫卖啊，他就有一种感触，希望能够让他们重见光明吧。

陈又昭：在眼镜店工作，在那里他也学到一些，关于眼镜啊，和眼睛有关的知识。

征得母亲同意后，陈耀真将眼镜店变卖筹得路费，又得到亲戚的帮助，踏上赴美求学之路。1921年秋，陈耀真顺利考入波士顿大学，成为当时美国为数不多的中国留学生之一。

陈又昭：他常常打好几份工，例如，开始的时候，在餐馆洗碗也做过，在外国人家里，做家庭服务。晚上就去总机那里，做插线。因为我父亲有失眠症，常常要吃安眠药。他就说是从那个时候，因为晚上那个时间不能睡觉，白天又要上课，就这样有了失眠症。

美国的医学教育以严格著称，而陈耀真还是提前2年获得了美国波士顿大学理学士及医学博士学位。实习结束后，他被邀请前往著名的约翰·霍普金斯大学威尔玛眼科研究所做博士后。

进入威尔玛是陈耀真一生中最好的机遇。在这里，他师从著名眼科教授，接受良好的培养和严格的训练。1年后，他被威尔玛眼科研究所聘为助理研究员。这所世界一流的眼科研究所里，第一次有了中国人的名字。

陈又昭：我们现在还能在威尔玛眼科研究所的走廊上，看见保留着的第一代威尔玛的照片，上面其中唯一的一个东方人就是他。可以想象，那个年代，他非常艰苦，非常刻苦，否则的话，不可能有他照片。

1934年，"九一八"事变后的中国受到外敌入侵，陈耀真婉拒了美国同仁的挽留，毅然回到灾难深重的祖国。

陈之昭：我爸爸是非常爱国的一个人，就是要为中国、为盲人带来光明，所以他觉得应该回去。

陈又昭：就像他的父亲——我的爷爷，我爷爷是在哈佛大学毕业的，他写给他母校的信里有说到，他为了把他在外面学到的知识，贡献给他的祖国的百姓，所以这个对他也有很深的影响。

归国后，陈耀真经眼科专家毕华德教授推荐，出任齐鲁大学医学院眼科主任。他组织成立齐鲁眼科学会，不定期进行学术动态交流和临床疑难病例讨论，迅速提高了当地的眼科学水平。他还带领年轻医生下乡去为老百姓治疗眼疾，广受欢迎。

1937年，卢沟桥事变后，齐鲁大学被迫迁往成都。陈耀真随学校西迁。战乱期间，大家都轻装上阵，只有陈耀真带着两只沉甸甸的大铁箱，一路搬上搬下，遇上空袭更是竭力保护。大家都很奇怪，这里面究竟装着什么宝贝？

陈又昭：里面到底是什么呢？就是他的书，他的一大堆书，或者收集到和眼科相关的东西。比如眼镜，古老的眼镜。原来的北京医学院耳鼻喉教授，郑教授提供给我的。（他说）你爸爸，爱书如命。

到了成都，陈耀真被聘为华西、齐鲁、中央3所大学的眼科教授，并担任存仁医院的眼科主任。

抗战大后方浓郁的学术气氛，让陈耀真感到兴奋，他一边做医生，一边做老师，对学生既爱护又严厉。

陈又昭：他有另外一种严厉，说我爸爸晚上走过他们医生宿舍楼下的时候，就会叫一声"DR. Luo，DR. Lee"，如果在宿舍里面看书，那么他就很高兴走到图书馆去了。那就是他希望他们在休息的时间，也有更多的精力去学习，多学一点知识，好好地为病人工作，所以，那些学生后来都不敢偷懒。

陈耀真在存仁医院苦心经营，铭记儿时的心愿，开设"免费诊所"为饱受眼疾折磨的穷人看病。

1937年秋，存仁医院接受新住院医生。其中的一位叫毛文书的姑娘，成绩优秀、漂亮活泼，给陈耀真留下了深刻印象，而陈耀真的渊博学识也让毛文书钦佩不已。

陈之昭：我爸爸是教授嘛，美国回去的嘛，我妈妈是华西的校花。她经常说我爸爸怎么让她去学习，鼓励她学习。我妈妈喜欢看电影。他就总是说，你要看完这本书才能去看电影。然后，慢慢地不用看书也能看电影。其实，她也自觉地看书。

陈又昭：我妈妈后来在我们的概念里，她是不玩的，所有的休息时间，她都是在做事情，跟她年轻时候，是不一样的。可能是受我的父亲潜移默化的影响。

3年后，陈耀真和毛文书迈入婚姻的殿堂。我国眼科学史上一对才子佳人，由此携手，相伴走过了之后的近半个世纪。

1941年，日军对中国西南实行"战略轰炸"，陈耀真和毛文书打破专业限制，跋涉滇、黔、缅、越等地为伤员动外科手术。抗战最艰难的时期他们还组织医疗队深入川西北的阿坝藏区及彝族、羌族地区，为罹患眼疾的少数民族同胞送去光明。

1949年10月1日，中华人民共和国成立。大量因战乱暂居成都的知识分子开始在全国寻找新的发展机会。陈耀真选择回到故乡广东，应聘为岭南大学医学院眼科主任。

陈又昭和吴乐正重游康乐园，边走边指着故居——

陈又昭：这就是我们家原来住的房子，那个时候叫东南区五号，以前的门牌。我们来的时候是在1950年10月10日到了广州。

陈又昭：在岭南生活是童年最快乐的时候。放了学我们就在院子里面玩。大概到了6点钟左右，就会到车站，去等爹爹、妈妈下班回来，从长堤坐班车回来。当年他们都说爹爹是个很风趣的人，很会讲笑话。他和另一位也是医学院的教授汤镇光在一起。汤伯伯在的话，那辆绿车是不会冷场的。

陈之昭：每个人从上到下，不管是教授、工友，还是外面的、街上的、不认识的、扫地的……他都可以交朋友，都可以跟他聊天，非常的随和。

康乐园里还住着语言学家陈寅恪。陈寅恪有眼科病，经常找陈耀真看眼病。而陈耀真为了整理我国古代眼科医术，一直在苦读古书，正好有了向陈寅恪请教甲骨文的机会。

1950—1965年的15年中，陈耀真先后发表有关祖国古代眼科医学和思想的论文11篇，为中国眼科史的研究奠定了扎实的基础。

高汝龙：他研究得很深入，从那些诗句来剖析这个是什么病，当时眼科是什么情况。那时的中国没有自己的医学史、眼科发展史，我觉得他填补了这个空白。

陈之昭：他研究的眼科史在世界上是被承认的，因为也没有多少人能够做中国的眼科史。这对中国在世界上的地位的确定很重要。

回到广州5年后，陈耀真招收中华人民共和国第一批眼科研究生。为了让学生们能有一本完整的眼科教材，陈耀真花了几个月的时间，将当时美国著名的现代眼科学教科书第20版一共414页的《梅氏眼科学》翻译出来。

陈又昭：这是中国第一本最完整眼科教科书的翻译本。因为这个《梅氏眼科学》一直在翻新，出过很多版，等到他要到一版，又出了新的版，所以他要去国外找，那个年代是很不容易的，他每一个细节都非常仔细地去斟酌，去修改。

在此基础上，1962年，陈耀真主编了中国第一部高等医学院校的眼科教科书——《眼科学》。

陈耀真很有计划地培养各种与眼科相关的临床和研究人才，他酝酿着在临床眼科和眼科病理实验室的基础上，建立集眼科教学、医疗、科研于一体的眼科专科医院。

高汝龙：陈耀真、毛文书教授从成都到广州岭南（医院）来的时候，医院只有3张床。我在1963年到中山二院的时候，医院有17张床。那个时候就在筹备眼科医院了，每年来3个医生，我们来就是准备建立眼科医院。

当时的中山医学院无力自主完成建设新院的工程。毛文书就趁着聂荣臻元帅来广东看眼病的时机，向聂帅争取支持。

吴乐正（陈耀真次女婿，原中山医学院中山眼科中心副主任，眼科研究所所长）：当时的3个元帅，聂荣臻管国防科研；陈毅管外交，贺龙管体育健康，加上董老——董必武，陶铸——陶书记，陈郁——广东省省长，他们都非常支持，甚至亲自来帮我们看地方。我们这个地方，这个宝地，就是陈郁选的。

陈教授、毛教授还注意到，因为是盲人的病人多，像这样的房柱，肯定对病人不好，有角度、有棱角，很容易会撞上去。因此，他们要求那个所有的柱都要圆的。因为盲人毕竟是病人，他还要走路啊，要行动，那怎么办呢？就是墙的旁边，都要有1条扶手，相当于他身高（腰位置）1米左右，可以沿着扶手边走。这些都是为着病人想，这些陈教授还提了很多，很细心。

1965年，当时中国唯一的大学医学院附属眼科专科医院——中山医学院附属眼科医院成立。该医院拥有120多张病床，每日可容纳600多人就诊。医院的五层高楼就矗立在广州先烈南路上。陈耀真为首任院长，毛文书为副院长。

高汝龙：眼科医院成立，是个专科医院。对于医院的发展，不管是业务上的、财力的，管理上都是独立的。

眼科医院成立不久，"文革"开始了。时间在这里隔空跳开十多年，陈耀真和毛文书孜孜以求的眼科事业也随之停了下来。

幸而，二位老人相伴着熬过了这场狂风暴雨。随着社会秩序的恢复，陈耀真重回科研和教育岗位，第一次大胆招收了一名非医科毕业的助教做自己的研究生。

吴德正：我是在1960年考到上海复旦大学生物系的生物物理专业。在我毕业之前，陈教授已经知道我是读这个专业，所以，他非常希望在中国建立眼科的研究所，这个研究所是有交叉学科的人在里面，共同一起来发展眼科事业的。视觉生理最主要的一条就是视觉电生理，是和我学的东西吻合的。确实是从他（陈教授）开始，在中国眼科领域开始有交叉学科的进入。

1982年，陈耀真、毛文书牵头成立眼科研究所，为眼科基础研究搭建平台。同时，二老又有了新的计划。

20世纪80年代初，陈耀真、毛文书的得意门生，又是乘龙快婿，眼科教授吴乐正在美国的眼科学研究机构做客座研究员。回国之后，吴乐正提出了一个大胆的想法。

吴乐正：1959年，斯坦福大学创造性走出来，建立医学中心，这个医学中心不是传统的医学教学。它把其他斯坦福大学所有优秀的学生都尽量吸收，都融合进来。它面向的东西，就现在讲的创新，它一定要走出来打破常规。它们建立的医学中心，那我们眼科也有教学、医疗科研，我们还有防盲，走到正式基层去，面向千千万万的群众，我们有大量的医疗资源要开发。我们也可以做一个眼科中心，所以，我就有这么一个想法。

吴乐正与陈耀真、毛文书不谋而合，两位老人又一次振奋起来。

1983年，在国务院总理指示下，国家计划委员会和卫生部正式批准成立"中山医科大学中山眼科中心"，时年84岁高龄的陈耀真任名誉主任，毛文书任主任，吴乐正、李绍珍任副主任。聂荣臻元帅为"中山医科大学中山眼科中心"及下属"眼科研究所""眼科医院"和"防盲治盲办公室"命名并题词。

高汝龙：今天能够这么发展，得益于框架的搭建。这个框架就是当时陈、毛教授定下的框架，没有改变。眼科中心是一个医教研全面发展的中心，它有坚强的临床工作，有科研队伍，有教学，发展速度非常快。

陈耀真的工作引起了世界眼科学界的关注。1985年11月12日，"国际眼科学术会议"第一次在中国大陆举办，选址广州。来自世界22个国家的眼科医生和研究者近 800 人参会，国际眼科学会主席、副主席，美、日、意、西、苏、新加坡等国眼科学会主席均出席会议，大会共收到论文 600 多篇。

这一年，是陈耀真从美国回到祖国的第 51 个年头。

葛坚：当时确实不是说中国的眼科多么发达，才跟你来交流。真的是有陈耀真教授，因为他有他的影响力，专家们确实认为应该来中国，来看一看，看能不能做些工作，帮助一下中国眼科的发展，这是一次相当重要的会议。

陈之昭：这个会议确实很不简单，好几百人都是他的学生，或者是他的学生的学生。很多领导人都有写贺词，如邓颖超、习仲勋等。会议非常成功，我们第一次把中国的眼科介绍给外国人看。

从眼镜店学徒，到独自赴美求学，再经历战乱和流离，直到归于岭南的平静和安定，陈耀真一生倾注心血在眼科学，他和毛文书为中国眼科学发展做出的卓越贡献，得到了国际眼科学界的认可和赞誉。

1986 年 5 月 2 日，美国视觉和眼科研究学会授予陈耀真"特殊功勋奖"。病中的陈耀真无法出行，由毛文书代为赴美领奖。

仪式结束后，毛文书和三女儿陈之昭急急赶回广州，将奖牌送到陈耀真的病床前。1986 年 5 月 4 日，陈耀真因心脑血管疾病离世。

吴乐正：那时候，我正在意大利罗马参加国际眼科大会，听到这个噩耗，我就立刻把这个消息告诉了国际眼科学会的主席毛蒙尼教授。世界眼科学会的主席在通告他过世的消息的时候，说，我们眼科，陨落了一颗巨星，这就是中国的陈耀真。他是一颗星星，闪耀着光芒。

吴乐正夫妇手捧鲜花到墓园拜祭。

葛坚：陈耀真，首先，是一位伟大的爱国者，其次，是伟大的教育家，再次，是一位伟大的眼科医生。

吴乐正：不愧为我们学校的八大教授。

高汝龙：对现代眼科的发展，他起了很大的作用。他的学生太棒了，每一代都很棒。

吴德正：他是我们国家的眼科奠基人之一，为我们国家眼科事业的发展起到了功不可没的作用。

陈之昭：他那种一丝不苟的学习精神，非常值得我们学习。他很优秀。而且，他是一位很温和的爸爸，一位好爸爸。

陈耀真与夫人毛文书深入海南岛山区为少数民族妇女诊治眼病

陈耀真在指导开展医疗科研工作

陈耀真自1955年招收研究生。20世纪80年代，与他的研究生周文炳（后右一）关征实（后右二）合影

1985年5月，陈耀真和他的第二代研究生周文炳、第三代研究生葛坚（现为眼科中心教授）合影

1965年的眼科医院

陈耀真的荣誉证书

陈耀真翻译的《梅氏眼科学》

飞机医院

谢志光 篇

(1899—1967)

谢志光，我国放射学科创始人之一。1925年，于美国密歇根大学医学院进修1年，获美国放射学会会员资格。1928年任北平协和医学院放射科医师、教授、科主任。1946年后，历任岭南大学医学院教授，华南医学院、广州医学院和中山医学院教授。曾任岭南大学医学院院长、华南肿瘤医院首任院长、中华医学会理事、中华放射学会名誉会长、全国肿瘤学会副主任委员和全国临床放射学专职委员会主任委员。第三届全国人大代表，广东省第一、二、三届人大代表，广州市第一、二、三届政协副主席。最早提出中国人肠结核、长骨结核X线表现的系统全面报告，并首先报告髋关节后脱位的特殊投照位置，被称为"谢氏位"，论著有《X光学》等。

志　传

我国著名的临床放射学专家、一级教授谢志光，在1899年2月10日出生于广东省东莞县。他在青少年时就学于岭南大学附小、附中。1917年，他考入湖南长沙湘雅医学院。毕业后，因成绩优异，又爱好诊断学，1923年，便由他的美籍老师推荐到北京协和医学院放射科跟随著名放射学专家保罗·霍奇（Paul C. Hodges）教授工作。1925年，他被送往美国密歇根大学，跟随希基（Hickey）教授进修放射学。一年后，他即获美国医学科学硕士学位。回国后不久，1928年，谢志光接任了北平协和医学院放射科主任的职务。协和开办以来各科主任多为外国学者，当时，他是第一个在协和放射科任主任职务的中国年轻学者，同时，他又是取得美国放射学会会员资格的第一个中国人。

1930—1931年及1937—1938年，谢志光曾先后两次到美、英、德、法、澳、瑞典和丹麦等欧美先进国家参观、学习有关放射学的诊疗、教学和实验室研究的经验。其间，于1933年晋升为正教授。

1923—1948年，在北京的这25年中，谢志光数十年如一日，勤勤恳恳地从事临床放射学的医疗、科研和教学工作。他不但培训了大批医科大学的毕业生，还从理工科大学招收专科毕业生来进修培养，造就了一批从基础到临床的专业人才。1948年，为了开创祖国南方的临床放射学，谢志光毅然离开了工作多年条件优越的北京协和医院，回到了他阔别30多年的家乡——广东。他先后接受当时岭南大学医学院院长李廷安和岭南大学校长陈序经的邀请，并联系了司徒展、陈国桢、秦光煜、何天骐4位专家教授，来华南开展医学工作。谢志光以岭南大学医学院附属博济医院为基地，开始培养华南地区的放射学、肿瘤学专业人才。

中华人民共和国成立后，在他的倡议和支持下，中山医学院附属第二医院（原博济医院）、第一医院分别于1956年、1958年成立了肿瘤科。1961年，他积极向广东省委建议成立肿瘤医院，当时的省委第一书记陶铸对此十分重视，省委很快同意了他的建议，于1964年正式成立了华南肿瘤医院，由谢志光任院长。

谢志光在多年的专业实践中，逐步形成了一套特有的对放射学、肿瘤学甚至整个临床医学的发展都有指导意义的学术见解。谢志光是在中国将放射生物物理学与临床应用密切结合起来的创始人。他倡议开展临床、X线、病理的三结合。中山医学院的骨肿瘤三结合研究小组和定期的三结合会诊制度，就是在他倡议和直接领导下成立和开展工作的。谢志光学识渊博，讲课生动活泼，富有启发性，不少已毕业多年的临床医生也乐意去听他的课。他教学有个"三部曲"，一是他做你看；二是你做他看；三是他放手让你做，做完后再检查纠正。

早在20世纪30年代初期，谢志光是第一个对中国人肠结核、长骨结核的X线表现提出全面、系统描述的专家，否定了国外长期认为长骨结核罕见的观点。他首创一个显示髋关节后脱位的特殊投照位置，引起了国内外学者的重视，在国外被称为"谢氏位"，至今仍为外国专业学者所沿用。他又是我国首批报告原发性肺癌的X线表现的学者之一，关于肺与骨的寄生虫病的X线表现，谢志光也是国内首批报告的学者之一。他十分重视对国人正常X线解剖标准的研究，早在20世纪30年代，就对心脏面积测量提出了独特的方法，并提出了国人正常值的标准，以后40多年的实践证明了这些成果是适合我国国情的。20世纪50年代，他又对国人松果体钙化的定位作了研究，定出了正常值的范围。

谢志光对恶性肿瘤的诊断和治疗作了深入的研究，在论文《鼻咽癌500例的临床分析与临床分型》中，首次在国内外提出代表鼻咽癌发展规律的上行、下行和上下行3个分型。几十年来的临床经验一再证实了它的正确性并具有临床计划治疗的指导意义。中华人民共和国成立后发表的具有代表性的论文还有《恶性肿瘤的早期治疗问题》《原发性肺癌的临床X线研究》《我国放射学的发展方向和当前任务》《广东地区肿瘤防治事业发展刍议》《26例骨巨细胞瘤的临床、X线、病理分析》等。

谢志光一生致力于祖国的临床放射学，40余年如一日，培养了我国几代放射学人才。他在X线诊断学、放射治疗学、放射物理机械学、放射生物学、X线检查技术等方面都取得了卓越成就，在国内外享有很高的声誉，对祖国的医学科学做出了重大贡献，因而获得了高度评价。中华人民共和国成立后，他历任岭南大学医学院院长、中山医学院附属肿瘤医院院长、中山医学院放射学教研组主任、中华医学会理事、中华医学会放射学会名誉会长、全国肿瘤学会副主任委员、全国临床放射学专题委员会主任委员等职，并曾先后被选为第三届全国人民代表大会代表，广东省第一、二、三届人民代表大会代表，广州市第一、二、三届政治协商会议副主席等职。

谢志光待人诚恳，平易近人，他是中国临床放射学的奠基人之一，但从不摆前辈的架子。对他的学生，哪怕是年轻的住院医生，对科室的工人，态度都非常亲切，从工作、学习到生活都关怀备至，使人感到他既是严师又是慈祥的长者。每届分配来放射科的新医生，谢志光即使再忙也一定要抽时间亲自接见，和蔼可亲地交谈，热情地提出希望和要求，使新医生受到很大的鼓舞。一次，他在北京，得知他的一个学生从广州到京进修，当时他已年过60，但仍冒着严寒深夜到车站接他，为他做好生活上的安排。科里的工人生病了，他不顾自己年老体弱，登上3楼去病房看望，这些虽是生活小事，但说来却感人。

谢志光于1967年8月17日在北京逝世，享年68岁。

忆 述

1899年，出生于东莞东坑新门楼的谢志光是家中长子。父亲谢恩禄谋着一份牧师的工作，辗转于广州与东莞之间，生活奔波却并不富裕。

谢超仁（谢志光长子）：我父亲家里比较贫困。我父亲是老大，下面有7个弟弟妹妹。父亲在中学的时候，因为他英文好，他晚上就去帮人补习。在那里赚一些家用，主要是帮补家里开支。

当年的新门楼学医之风盛行，同族的长辈谢景丸是当地有名的县医。受族风浸染，谢志光也决心从医。17岁时谢志光考学成功，一路北上，从湖南湘雅到北京协和，再到美国密歇根大学，获得医学硕士学位，专攻放射学。

1926年，谢志光婉拒了留美的邀请，归国返乡，在新门楼摆下村宴招待乡里。

谢玉成（谢志光故居倡导人）：谢志光是我们村第一个西医。回到新门楼，请了全新门楼的村民开集喝酒。场面好像以前娶媳妇一样，在祠堂里面摆酒。

谢超仁：他自己讲，他说，我回到祖国，就想把祖国的医学搞好。

不久，谢志光接受北京协和医院的教职决心北上。此时国内的放射学研究刚刚起步，留美经历让谢志光很受医院重视，很快升任放射科主任。之前，协和医院放射科主任的位置上，还从来没有过中国人。

在协和的20多年，他主要研究放射诊断学。30来岁时，便以发现"谢氏位"在学界声名鹊起。

管忠震（原中山医科大学肿瘤防治中心院长）：用一个专家的名称来作为一种诊断治疗方法的命名，这应该是对这个专家的发明或者他的创造是一种很大的肯定。

那是在一次病例讨论中，一张髋关节后脱位的X光片吸引了谢志光的注意。

张承惠（谢志光学生，中山大学孙逸仙纪念医院放射科教授）：一般的髋关节照片都只照一个侧位，一个不完全的部位的表象，一定角度的病变表象，当时，有时候要两边。

经过反复投照实验，谢志光发现了一个新的投照髋关节后脱位的部位，从这个部位进行 X 光照射，能扩大对髋关节的投照范围。

张承惠：有些病变不是光是在正跟侧才有，有时候两边差别怎样对照，光是那么照还不能很好解决问题，所以，他在工作过程中就提出一个采取蛙式体位的方法，同时照两边的髋关节。用这个方法，除了显示原来侧位不能显示外，得到两侧对比，也可以减少 X 射线的投照时间。

谢志光的发现大大提高了对髋关节病变诊断的准确性。这个新的投照位置被迅速推广，国外放射学界称其为"谢氏位"。

1948 年 5 月 1 日，因抗战被迫停办了 6 年多的北京协和医院复办，流落各地的教职人员陆续返回，院内外一片百废待兴。

10 月初的一天，岭南大学校长陈序经又一次走进了协和放射科。上任短短两个月来他第三次北上协和，目的只有一个，挖走时任协和放射科主任的放射学专家谢志光，说服他出任岭南大学医学院院长。

肖官惠（谢志光学生，中山大学第一附属医院原院长）：当时，为了加强岭南大学教授的阵容，他亲自到北方地区探访一些知名的教授，并且邀请他们回来，谢志光教授是其中之一。

谢志光也刚刚回归协和。停办期间，他带领协和的一部分医生和护士去到同城的中央医院，一直坚持着医疗工作。

陈序经看中的，正是谢志光在放射学上的成就。

陈序经三顾茅庐终于说动了谢志光，这次会面之后仅 10 多天，谢志光就携家眷离京南下，回到了他阔别 20 多年的广东。

谢超仁：离开北京，记得在天津坐船，坐了 3 天 3 夜船到上海，跟秦光煜一条船，秦教授跟他女儿在这条船上。

此时，国民党中央政府开始计划撤退。大批知识分子或被秘密转移到台湾，或谋划出国发展。谢志光在此时离开协和，瞬间流言四起，"南下是为出国做准备"的议论声不绝于耳。

谢超仁：有个夏教授，还有什么卢光全、卢医生，都是以前岭南的医生，他们都劝，劝爸爸去香港。

肖官惠：那根本是风马牛不相及。其实，我们内部的人，了解谢教授的人，从来没有想过这样一个东西。

谢超仁：当时我也想去香港，他跟我说，"我在动员人回广州，回来工作，参加祖国建设",他说你还去什么,我怎么跟人讲。

而谢志光对外界纷扰并不理会,回到广州不久,便被陈序经委以岭南大学医学院院长兼博济医院院长的双重重任。坊间流言不攻自破。

当时,广东省的放射学才仅仅发展了10年,从人才到设备都十分薄弱。陈序经支持谢志光对学科进行全面的规划整理。

肖官惠:这一切都是谢教授来了以后发生的,他当时是组委,通过中华医学会放射学分会这样的组织,就把整个广州市的学术界组织起来,开展了定期的学术活动。

张承惠:当时X光机都是很小型的,主要是透视,照片也只能照比较简单的照片。所以,他来了以后,在博济医院专门建了X光科,有放置机器的房间,就买了比较高功率的诊断机器。也买了高功率的放射治疗机,专门治疗恶性肿瘤的。

放射学在医疗领域的应用范围很广,主攻对恶性肿瘤的放射治疗,是初到岭南的谢志光给自己定下的新方向。

20世纪50年代,谢志光敏锐地觉察到,肿瘤诊治开始走向医学研究的前沿,放射治疗也随之起步。

当时,癌症被普遍认为是不治之症,我国每年约有150万人因癌症死亡。老百姓谈癌色变,甚至有些医务人员也误认为恶性肿瘤具有传染性,避之不及。

谢志光决心跟上肿瘤研究的发展。一个偶然的机会,谢志光读到一位美国病理学专家的著作,其中关于骨肿瘤的论述引起了他的兴趣。

骨肿瘤本应属于骨科的研究范围,而谢志光决定打破学科界限来开展工作。他找到了从医学院毕业不久的肖官惠,希望他能担任其助手。

肖官惠:他问我有没有兴趣来做骨肿瘤研究的具体工作。当时,我很钦佩谢教授,而且,我刚从行政岗位回到科里面。我就说,好,我愿意。

谢志光身兼两院院长,行政事务繁忙,正常的工作时段中,能够用来做研究的时间十分有限。因而肖官惠必须全心投入,负责绝大部分的具体操作。谢志光则腾出晚上的时间,根据肖官惠提供的素材和数据,做案头的整理和分析。

肖官惠:我主要就是做骨肿瘤病例的收集,凡是新的病例,我们都第一个收集,然后,一定在谢教授看片的时候,我都把这时期骨肿瘤的病例拿出来给他审阅,并将我们原来的诊断意见向他汇报。

谢超仁:父亲回来还要工作,写东西也多。我们只能看到他在那写东西,在埋头苦干。

早期的骨肿瘤诊断是单科作战，不同科室之间缺少沟通。临床科室认为自己直接接触病人，诊断最为重要。而病理科认为细胞学诊断才是权威，也很难听进别的意见。

谢志光决心改变这一状况，提出了"骨肿瘤的三结合"，他首次将临床、病理、放射三科结合起来进行肿瘤的诊断和治疗，并倡导不同科室之间进行病例讨论。

肖官惠：一个星期一次，一次都是一个下午。临床、病理、放射都坐在一起。临床对放射的诊断同意的，或者有疑问的就提出来，放射也可以根据本身真相学的特征提出对诊断的看法，病理就根据显微镜细胞学的变化提出它诊断的依据。如果三方面中哪一方面有疑问，我们就建议病理多做不同部位的切片，再做细胞学的检查。

有时候，往往病理通过这样的检查以后，就发现原来的诊断有不够全面的地方，甚至有错误的地方，就更正了病理的诊断，最后根据更正的意见进行治疗。

"三结合"的方法大大降低了过去因片面强调组织形态学而造成误诊的风险。渐渐地，胃肠科、脑神经外科也都建立起"三结合"的工作制度。院校改革后，广东三所医学院合并成立中山医学院，临床、放射和病理三结合对患者进行诊治的方法，成为中山医学院附属医院的一项基本工作规范。

"骨肿瘤三结合"的成功实践还让谢志光有了一个全新的构想。既然肿瘤疾病涉及临床、放射和病理各科，为什么不成立专门的肿瘤科，让诊治更加专业化呢？

1956年，谢志光向时任中山医学院院长柯麟提出了成立肿瘤专科的建议，得到了柯麟的支持。

王尚德（原中山医科大学肿瘤防治中心护理部主任）：把一部分有关的医生送到天津、上海、北京肿瘤医院去进修。因为我们都来自不同的科室，有些是外科的，有些是耳鼻喉科，有些是妇科的，因为这样才能组成全程的肿瘤治疗。

1958年3月，在外科、放射科、妇科及五官科的共同协作下，原中山医学院第一医院正式成立肿瘤科。谢志光任肿瘤科主任，黄盈任副主任。

广东省迈出了肿瘤防治专门化的第一步。

李国辉（谢志光学生，中山大学肿瘤防治中心肝胆科教授）：就是将之前接待、休息，还有一部分的病房拿出来，那些房之前是用来接待，现在是给我们做病房，再加上旁边病房的一半拿出来，建立整个肿瘤科。

王尚德：当时也是比较困难，我们当时就是一个转弯拐角一条走廊，两边都是病房，医生的值班室，还有护士的值班室也都是在这里面，而且隔壁就是病房，只是一墙之隔。

李国辉：肿瘤外科和一般普通外科有一些不同，一般外科就是手术切除加无菌的概念，而我们肿瘤外科的概念就是除了手术无菌以外，还有无肿瘤的概念。

王尚德：因为当时已经有治疗头颈的手术，另外，就是胸部、肺癌、乳腺癌，还有腹部外科的肠道、胃啊，还有妇科，子宫颈癌都是在那里做，手术种类还是不少的。

中山医第一医院成立肿瘤科的消息很快传开，大量的肿瘤病人闻讯前来。没多久，肿瘤科即人满为患。

李国辉：那时候，病床也不是很多，只有四十几张病床，除了病房，还有叫作走廊病床，很多病人就是住在走廊上，就是住不到病房，那个时候也叫住院，等手术啊，都在走廊里面。

谢志光对此并不意外，患者人多拥挤，正说明医疗资源远远不足。他进一步筹划要建立肿瘤诊疗的专门机构。

这时，北京传来消息，日坛医院改建为专门的肿瘤医院，肿瘤诊治在北京率先形成体系。这激起了谢志光心中更大的浪花。他多次找到院长柯麟，向他描绘建立肿瘤专科医院的蓝图。凭着对医学发展的非凡远见，柯麟对此欣然应允。

在《肿瘤科1959年工作计划草案》中有这样的记载：

以中西医合流、预防普查为纲，全科工作人员都要政治挂帅，解放思想，红专并举，并发动群众把科室的工作做好，为成立肿瘤医院创立条件。

然而，三年自然灾害让肿瘤医院的筹备陷入困境。谢志光不愿意放弃，土地、资金等问题暂时解决不了，人员挑选、学科建设的筹划则一直在进行。

张承惠：我们国内有两三个跟谢教授差不多，但是谢教授是一个主导者，都时常跟他们去讨论、商量建肿瘤医院的问题。

肖官惠：在那个时候，除了一个星期到一院、二院固定地看片一两次外，其他时间全部都投入到肿瘤医院的筹建方面。

1962年，谢志光苦等的机会终于出现了。

在中共中央中南局举办的除夕团拜会上，谢志光见到了时任中南局第一书记陶铸。他向陶铸讲述了建立肿瘤医院的意义及遇到的困难，希望省委予以支持。

陶铸对此十分重视，当场决定将广东省卫生干部进修学院改建为肿瘤医院，并拨款100万元作为筹建资金。

李国辉：像谢志光教授，他们的工资是381.10元，一个月，那个时候是最高工资了。那个时候我们国家的国民经济刚开始恢复，那100万能够拿出来，我们省也是用了很大的力量把它建立起来。

柯麟亲自挂帅出任筹备组组长，谢志光任副组长。筹建资金100万元虽然是一笔不小的数目，但要用来建立一家医院，仍需处处俭省。

王尚德：因为如果要买衣服的话就比较贵，所以我们其中一位筹备小组的同志，就天天在那里车（粤语——缝制），包括手术室用的包布啦，床单啦，甚至病人的衣服他都天天在那里车。

张峰（中山大学肿瘤防治中心鼻咽科教授）：包括器械的购买，病房的设施等，所以，那时候谢院长也很重视，经常来过问。

王尚德：一位从第二医院手术室的护士长陈德芳同志，一位也是第二医院的总务科长司徒宏，我们就这几个人做主要的，还有两位同志一起协助我跑腿啊，做一些事务的工作，就开始，一直筹备了1年。

1964年3月1日，在广州市先烈南路广东省卫生干部进修学院原址上，华南肿瘤医院正式成立。广东省卫生厅批准80张病床，院方自筹40张病床，共计120张病床。谢志光任院长、廖月琴为副院长、黄瑛为党支部书记。

李国峰：整个肿瘤科都搬过来，再加上中山二院大概有几个医生搬过来以后，就成立，整个医院那时候的医生大概是十六七个吧。

管忠震：是一个新的开端吧，对于这种严重威胁人类生命的疾病，有一个专门的机构去，不仅仅是接受病人的诊断治疗，而且从事这方面的研究，希望提高这方面的治疗水平，我觉得这个应该说是个很重要的事件。

已经65岁的谢志光，仍活跃在院长岗位上。他在全院大会上多次强调，"办医院无他，不过就是技术加旅店"。要求医院既要有一流的诊疗技术，也要为患者提供旅店一样的生活条件。

王尚德：医院要整齐清洁，安静，不许吵闹。我们穿皮鞋的，都是胶底鞋，我们的桌子，凳子下面都钉了胶皮，拉动时就不会发出"嗡嗡嗡"的声音。

张锋：有时候我们医生的白大衣穿得不整齐，他都要批评，他说你不要小看这个白大衣，你一穿上这个白大衣，就说明你是跟疾病做斗争的战士，病人把病交付给你，你就有责任把病人的病治好。

管忠震：给了我半个病区，半个病区就也是20张左右的床位。但是，肿瘤内科作为一个法定的专科在美国是在1972年才开始，可见，1964年、1965年开始考虑到要建设这个方向的专科，已经是相当有远见的考虑。

中山附属肿瘤医院档案材料记载：

1964年3—7月间，门诊就诊（仅限上午）共计11189人，平均每日诊疗115.51人；住院病人累计达395人，施行手术118例。

作为南中国第一所肿瘤专科医院，华南肿瘤医院还在鼻咽癌化疗和分阶段治疗方面取得了突破性进展，并首开医院进行国产新抗癌药物临床适用性研究的先河。同时，广泛接受及培训来自全国各地的进修医生，为中国肿瘤学界培育了众多优秀人才。

管忠震：他以前住在竹丝村，工作以后，自己拿着拐杖慢慢、慢慢地回家。

此时的谢志光健康状况已不容乐观。困扰他数十年的高血压病愈发严重，甚至造成眼底出血。

1966年，"文化大革命"爆发，谢志光被迫停止工作。不久，他感觉身体不适，检查结果疑似患癌。而身为华南肿瘤医院院长的谢志光，此时在广州根本得不到治疗。院方只能安排专人将他送去北京日坛医院看病，但时局不稳，条件有限，谢志光的病情最终也没有确诊。

1967年8月17日，谢志光逝世。弥留之际，他不忘对身边的医务人员表示感谢："我不行了，你们去跟那些医生和护士，对他们说，谢谢，谢谢他们照顾我。"

陈庆平（谢志光次媳）：后来我们就回家，整理他的遗物，什么书啊，什么其他东西啊，他说要把他的书全部送到医学院去，一本都没留。

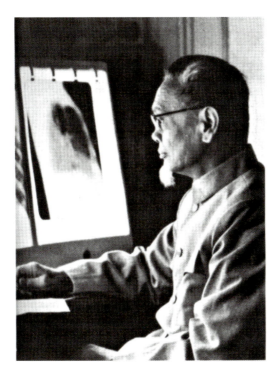

1964年,谢志光在研究肿瘤X线诊断问题

庆祝谢志光教授从事放射学工作41周年时,学生与谢志光合影

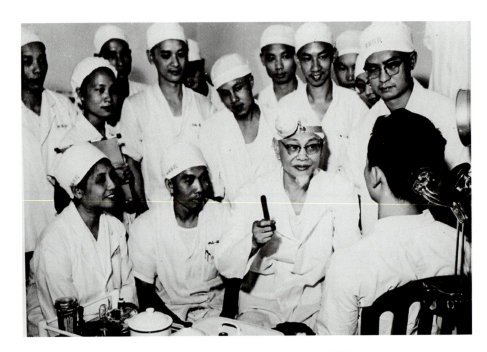

国际知名放射性专家、华南肿瘤医院院长谢志光
（前排左起第三人）亲自检查病人

谢志光在病例讨论会上

华南肿瘤医院开幕典礼

谢志光的论文

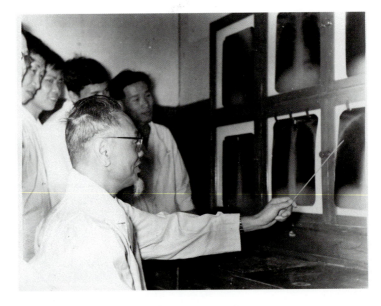

谢志光在指导看片

钟世藩 篇

(1901—1987)

钟世藩，1946年来广州后，历任广州中央医院院长兼儿科主任，岭南大学医学院、华南医学院、广州医学院、中山医学院和中山医科大学教授。1949年，被世界卫生组织聘为医学顾问。曾任中华医学会儿科学会委员、《中华儿科杂志》编委、中华医学会广东分会儿科学会主任委员、广东省政协第四届委员。免疫单向扩散技术研究的先驱。20世纪40年代，首次提出处于活跃繁殖状态的细菌有保护病毒活力的作用，这一发现获得国际权威病毒学家的认可。20世纪50年代创办了中山医学院儿科病毒实验室，是全国最早创办的临床病毒实验室之一。20世纪80年代负责编写的《医学百科全书·儿科分卷》条目，被作为编写人员学习范文。还编写了《儿科疾病鉴别诊断》一书。

志　传

　　钟世藩，福建省厦门市人，儿科专家，1901年出生。1930年，毕业于北京协和医学院，后又取得美国纽约州立大学医学博士学位。1944—1945年，考取公费留学，获洛克菲勒基金资助在美国辛辛那提大学医学院进修病毒学。回国后曾任南京和贵阳中央医院儿科主任，湘雅医学院儿科教授。1946年，来到广州，任广州中央医院院长兼儿科主任，岭南大学医学院儿科教授。1949年，被世界卫生组织聘为医学顾问。1953年，院系调整后任广州中山医学院儿科教授兼主任。并曾任中华医学会儿科学会委员，《中华儿科杂志》编委，中华医学会广东分会儿科学会主任委员等职，是广东省政协第四届委员。

　　钟世藩重视科学研究工作，特别对病原微生物的研究有过贡献。20世纪30年代，他与谢和平在协和医学院研究肺炎球菌时发现，用加有不同型别肺炎球菌抗血清的琼脂平板来培养肺炎球菌，在相同血清型别的菌落周围形成一个沉淀环，细菌繁殖受到抑制，认为这是一种特异性的抗原抗体反应。这种方法不仅缩短了鉴定该菌的时间，且提高了实验的特异性及可靠性。从方法学上来说，这种实验诊断就是目前广泛应用于临床和实验研究的免疫单向扩散技术的先驱。在病毒学开始发展的40年代，钟教授在美国进修病毒学期间，发现了细菌保护病毒活力的作用，是在细菌活跃繁殖状态下产生的，这一发现得到当时在辛辛那提大学的病毒学家赛宾（A. B. Sabin）的重视，认为值得报道。美国约翰斯·霍普金斯（Johns Hopkins）的病毒学家豪威（H. A. Howe）也认为这一发现是一贡献。辛辛那提大学儿科研究院院长韦切（A. A. Weech）将其誉为一篇卓越的论文。其后论文发表于美国权威性的传染病杂志。20世纪50年代，在学院领导支持下他创办了中山医学院儿科病毒实验室，利用实验室从事病毒研究及培养研究生。这不但是广东省而且是全国最早创办的临床病毒实验室之一。他的实验证实了直接接种乙型脑炎病毒于小白鼠胎鼠，病毒能得到很好的繁殖。认为小白鼠有可能作为分离病毒的动物。该论文于1964年在全国第六届儿科学术会议上宣读。

他对学生及年轻医生要求严格，强调基本功的训练。在临床工作中很重视病历的质量，他说，看一个医生所写的病历，就大致可以看出他的医学水平，看一间医院的质量，也要先看它的病历。实际上病历的确能反映一位临床医生的临床思维和学识水平，这是临床医生基本功之一。就是有了许多先进的仪器和技术来给病人作检查诊断的今天，这种观点仍然没有过时。他也常常要求住院医生及实习医生亲自动手做一些对诊断有关键性作用的化验。例如，怀疑患了阿米巴痢疾的病孩，在其大便标本查找阿米巴原虫；怀疑有结核性脑膜炎的病人，自己动手把脑脊液涂片找抗酸杆菌等。他认为一些标本送去检查的过程就会得不到阳性的结果（如阿米巴原虫），或者别人对病情的了解远不如主管医生自己那么清楚。也许没有人比医生本人更认识这种检验对诊断有那么大的作用。对于疑难病例，他必亲自做细致的体格检查，有些检查结果他甚至不只是看看报告，而且要亲自看看实物，例如X光片或血液涂片等，所以常常发现了别人忽略了的一些特点，从而帮助作出正确的诊断。他学识渊博，勤奋好学，跟随他查房的医生都很佩服他连一些很少见的临床综合病症也随时能讲得出其诊治要点。在一次疑难病例讨论中，他怀疑病人得了一种较少见的病，即时叫人取来一本美国纳尔逊编著的儿科学教科书，要大家查对学习一下，并指出这个病在第几页可以找到，其博闻强记的功夫可见一斑。他将讨论过的疑难病例，都记录在一个随身带的小本上，以后有机会就问主管医生追踪其结果。对不幸死去的病孩，他要求医生一直追踪到病理解剖室。他常常说，再高明的临床医生，在病理解剖医师面前也要低头。这种对待医学科学的执着追求，的确对提高临床诊断水平有很大的帮助。在他的支持鼓励下，中山医学院儿科从1950年就开展了新生儿的尸体解剖，一直持续至今，已积累了相当丰富的资料，对一院新生儿学科的发展起了很大的促进作用。

　　在半个世纪的漫长岁月中，钟世藩担任过几间医院的儿科主任及医学院的儿科教授，为我国培养了许多儿科专业人才。他是中华人民共和国成立后最早招收研究生的导师之一。他培养的研究生质量高，不少已成为儿科骨干力量和知名的儿科专家。他对研究生要求严格，要求他们搞科学研究也要从基本功做起，包括实验动物的饲养及观察，甚至试管仪器的清洗等。他说科研工作必须自己动手，关键的东西必须自己看到做到。他爱护关心年轻人的成长，在"文化大革命"中，他的一位研究生被下放到海南岛十分边远地区的卫生院做医生，他不管当时自己还处于被审查的处境，订了一份英文的北美儿科临床杂志送给这位学生，并鼓励他好好学习及工作。这在当时不少人连看外文书都怕被扣上崇洋媚外的帽子的环境中，钟世藩也不怕冒多大的风险。由于有老师的鼓励和支持，也使这位从大城市大医院下放到穷乡僻壤工作的学生，振作了精神，努力地工作，成为当地农民十分欢迎的一位医生。并且珍惜了时间，不荒废英语的学习，为后来赴美国大学进修打好了外语基础。

钟世藩严谨的治学态度也表现在他编写医学著作中。20世纪80年代他负责编写《医学百科全书·儿科分卷》的条目时，反复衡量了词条各部分的比例，在内容精练方面下了不少功夫。他撰写的部分得到编辑组的好评，并被通报作为编写人员学习的范文。

在"文革"十年动乱尚未结束时，为了把自己几十年的临床经验总结出来留给后人，在70岁高龄和身体多病的情况下，毅然编写《儿科疾病鉴别诊断》一书。在编写的后期，他的眼球辐辏功能严重失调，视力显著减退，身体也很衰弱，但仍然坚持写作，并且经常带放大镜去图书馆查阅文献，核对和充实著作内容。在实在无法看清外文字母时，他请在馆内的年轻人帮助辨认。这种对著作一丝不苟，对读者高度负责的精神使人深为感动。该书出版后深受读者欢迎，一再重版印刷。

钟世藩于1987年6月22日在广州逝世，享年86岁。

忆 述

中山大学附属第一医院病案室，钟南山（钟世藩之子）：这是一份儿科当时的会诊记录，我可以看到里面写着"钟主任"的会诊意见。这些病历总体来说是比较详实的，比较规范，而且很容易看得明白，应该说比现在医院所书写的病历，更加规范。

陈皆平（钟世藩学生，原中山医科大学附属第一医院儿科主任）：他说，写病历是你写给人家看的，不是写给你自己看的，人家都看不懂，你写来干吗呢。病历是医生的名片。

中山大学附属第一医院病案科，至今保留着半个世纪前一位儿科主任留下的信息。

据说，当年这位儿科主任总查房时，被选中病案的主管医生既高兴又紧张。医生们不但要开夜车跑图书馆查阅资料，还要挤时间亲自动手为患儿做基础的化验检查。

陈皆平：他很重视基本功，基本功里的基本技能，不但要动口还要动手，能够动手。

查房开始，交到主任手上的病例，必须字迹端正，清楚易懂，而且汇报时必须脱稿、倒背如流。

钟南山：父亲被评为一级教授，是因为他对医学的严谨、认真的态度。

这位儿科主任，就是钟世藩，新中国成立后卫生部认定的首批国家一级医学教授之一，中国著名儿科专家。

1901年，福建厦门1户姓钟的人家，收养了1个男婴，取名钟世藩。

1917年，16岁的钟世藩进入厦门同文书院学习，这家书院的教师多精通英语，兼修中西文化。5年书院求学经历，成为钟世藩进入现代医院殿堂的启蒙。

吴梓梁（钟世藩学生，原广州医学院第一附属医院儿科主任）：他英文很好，这是他学医很有利的条件，所以，他就考到了协和。

21岁，钟世藩考入北京协和医学院，这家医学院拥有当时世界上著名的医学家和医学教育家，蜚声海内外，以入学标准严格，竞争淘汰残酷著称。八年寒窗，到钟世藩毕业时，同级的40名同学，只剩8人。

沈皆平：出来的都是精英。在协和毕业出来身价百倍，出来做开业医生挂牌，也是很赚钱的。

已是医学博士的钟世藩选择留在协和医院，成为一名儿科医生。

钟黔君（钟世藩之女）：他说我一定是要在公立医院，因为公立医院才能够为大众服务，为更多的人服务。

20世纪30年代，医疗条件落后，感染呼吸道传染病的患儿比比皆是，致死率很高。钟世藩一边接诊，一边将儿童呼吸道疾病作为医学研究的重点方向。

1931年，他与谢和平在研究肺炎球菌时，发现了一种特异性的抗原抗体反应。从方法学上讲，是目前广泛应用于临床和实验研究的免疫单向扩散技术的先驱。

1935年，新婚不久的钟世藩移居南京。1年之后，已是南京中央医院儿科主任的他，在自己供职的医院迎接了儿子的诞生。因为医院坐落于钟山以南，于是他给孩子取名南山。

钟南山子承父业，选择从医，2003年，投身抗击非典疫情，在中国家喻户晓。

钟南山的童年记忆，多是家国血泪、山河破碎的场景。

1937年7月卢沟桥事变爆发，紧接着北平沦陷，天津失守，日军空袭南京。钟世藩供职的医院在轰炸中损毁严重，就连家也被炸成一片废墟。

钟南山：房子塌了，我外婆很紧张，当时我还在房间里，她就不顾一切过去扒扒扒，找到我睡的床，把我挖出来了，说我当时脸都紫了。

1937年冬天，南京沦陷前夕，钟世藩携家带口，跟随医院撤退至长沙，逗留9个月后，再次迁移至贵阳。

这时，湘雅医学院也从长沙迁至贵阳，钟世藩在中央医院工作的同时，成为湘雅医学院14名教授之一，开始在战火中培养学生。

贵阳的宁静不久即被打破，1939年2月4日，日军空袭贵阳，贵阳城火光冲天。

沈皆平：他差点命都没有了，在贵阳轰炸的时候，他逃过了空袭。

烽火岁月，钟世藩被任命为贵阳中央医院院长。

吴梓梁：过去选院长不是通过什么途径，不是看你任务完成多少，不是这样的，主要是看人品，看你的医德，看你的医术，是不是能服众。

战争年代，物资短缺，硝烟中维持医院的院长，举步维艰。

1941年12月24日夜，钟世藩在给重庆中央医院总院院长吴绍青的信中写道：如果物资供给不能完全满足，就先满足一些最紧要的物资吧。

但即使在这艰苦岁月，钟世藩依然没有放弃自己的医学追求，1944年8月，他被公派前往美国进修，在辛辛那提医学院儿科研究院，钟世藩开始介入当时国际医学界刚刚起步的病毒学领域。

沈皆平：钟教授去美国研究病原微生物的时候，病毒学正在大发展的前夜，那时候知道是病毒引起的病，还不多，怀疑是病毒的病，还没有找到究竟是什么病毒，怎么把它找出来。

在美国，钟世藩对病毒和细菌之间的生存关系进行了观察研究，发现了细菌保护病毒活力的作用是在细菌活跃繁殖状态下产生的。这篇论文在美国传染病杂志发表，实验结果得到科学界的重视。

1945年抗战胜利，进修结束的钟世藩回到贵阳，并在多数人都选择回归南京的大潮中，远离南京，跟随南迁的贵阳中央医院前往广州。

钟黔君：南京那时是中华民国的首都，比较多达官贵人，他不喜欢那个风气，他不喜欢和那些人打交道，所以他宁愿离开那里。

此时的钟世藩，已是中国医学界的知名学者。成为时任广州中央医院院长、岭南大学医学院院长、博济医院院长李廷安渴望招募的人才。

李宝健（李廷安之子，原中国国家高科技专家委员会委员）：我父亲跟我说过，钟世藩教授在儿科是非常有名的，他也是贵阳中央医院的院长，他愿意来是非常好的事。有一天突然和我母亲说，钟世藩教授下午就到了，让我一起去接钟世藩教授全家。

1948年，钟世藩出任广州中央医院院长。

李宝健：我父亲是很尊重钟世藩教授的，很多重要的事，他都跟他商量以后才做决定，后来我父亲病故了，据我了解，是我父亲推荐钟世藩教授做院长的。

钟世藩不愿涉足政治，但当重大历史转折点来临，必须做出抉择。

1949年，中华人民共和国成立，国民党政权撤退至台湾，试图动员钟世藩携家人一同赴台。

钟南山：他一共来了3次，我印象非常深刻，是希望将我父亲，还有中央医院的财产一起带去台湾。当时中央医院里还有13万美元。我父亲为什么不去台湾，是一个很朴素的看法，他对当时的腐败，政府的腐败以及通货膨胀深恶痛绝。

新政权在广州建立后，钟世藩将这13万美元移交新政府。也就是在那一天，他终于迎来了自己渴望已久的和平生活。

钟南山：行政的工作实在不是他想搞的、喜欢搞的，所以一直都非常希望辞职。有一天他晚上回来理了个发，平时一般是不苟言笑，回来以后很高兴，吃饭也说点家常话，后来妈妈跟我说，你爸爸已经辞去院长职务了。

在岭南医学院任教，在博济医院和广州中央医院行医，在这座位于广州康乐村的小楼里，经常飘出的交响乐乐曲声，记录着钟世藩和家人的幸福时光。

钟黔君：我们几乎每天都听，后来出了中国的交响音乐《梁祝》，他很喜欢，第一次来广州，中山纪念堂表演的时候，我和我爸两个人去听，听完他很高兴，他说我下次还来，结果第二天我们又去了。

在同事眼中，这位著名医生不善言谈，甚至有些严肃。但在患者眼中，他却亲切而和善。而且，无论患者贫富贵贱，都一视同仁。

李宝健：他是从很多问题来问孩子，比如你喜欢什么？感觉什么地方不舒服，你吃饭开不开胃。他有时也给孩子一些玩具玩，和孩子一边玩一边谈，所以孩子也没有感觉拘束。

钟黔君：当时我们的保姆是康乐村的，经常就是，农村的小孩，就带过来看病，就到家里来看，他都是很仔细很认真地给人家看，不分什么贫困啊这些，没有，都是一样的。

钟南山：当年我就住在这边，楼下的房间，我爸爸在3楼养小白鼠，他养了大概几十笼吧，每天下班都是自己喂谷子喂水，我也跟着上去看，觉得挺新鲜的。

小白鼠是钟南山少年时有趣的记忆，但对父亲钟世藩而言，却是困难时期坚持科研的无奈之举。因为条件有限，钟世藩自己花钱买来小白鼠在家中饲养繁殖，并在自家的书房里做起了乙脑病毒实验。

直到1953年岭南大学、中山大学和光华医学院合并，钟世藩担任学校医学院儿科教研室主任，建立了当时国内少有的儿科病毒实验室，自此，钟世藩的病毒研究终于得以全面展开。

吴梓良：对（实验）结果是严格的，他不是说我们有结果就告诉他，他都提醒我们，要再认证一下，再肯定一下，再重复一下，一般他都要求严格，结果要确实，是这样一个人。

钟南山：当年我父亲看了很多疑难的病例，而这些疑难病例，他常用这样的小本本记录下来，而且都是用英文写的，非常清楚。

遇到疑难病例，钟世藩都要详细记录，直至病人出院。如果患者病亡，他甚至会跟踪记录病理解剖详情。

钟黔君：他有空的时候就看书，看他的专业书。

沈皆平：盯住这些最前沿的医学发展，他自己订了杂志，也经常去图书馆看，他能把最新的知识在病理讨论中讲出来，使得我们受益很多。我们查房都很佩服他，他说可能是什么综合征，你一查书，哦，真是这个，这个病很对。

吴梓良：以前的主任是怎么当的，是科室里的业务，人家不能解决的，你要能解决。主任是最后一个发言的，讨论病例，每个星期讨论一个疑难病例，要么是搞不清楚什么病，要么是不知道治疗的方法，还有就是（治疗）过程当中有争论的问题，做主任的要最后解决这个问题，所以他一定要有本事。

钟世藩在中华人民共和国成立后一直担任儿科主任，坚持出诊。他体恤患者、精准用药的行医风格让后辈医生们追忆至今。

钟黔君：他回来说，给病人开了才1分钱的药，他说那个病人还骂他，你怎么给我开这么少的药，他说够了。

沈皆平：看得准，用几粒主要的药丸就把病治好，再看看现在，开了那么多药，究竟哪个是主要的，他自己心里也没有数，就"大包围"。这样用药是钟教授最反对的。诊断也不明确，治疗也没有目的。

钟世藩是中华人民共和国成立后国内最早招收研究生的导师之一。他培养的研究生质量高，不少已成为儿科骨干力量和知名的儿科专家。

苏蔼联（钟世藩学生，暨南大学华侨医院原儿科主任）：他在我们科，很早就准备加强生化、病理、生理这3科建设，所以他派人出去进修。

到"文革"前，中山医的儿科在他的带领下，已经是系统完备、人才辈出。

钟世藩毕生热爱的病毒研究，也在这期间有了阶段性的成果。在北京召开的1964年全国儿科学会上，钟世藩宣读了《试探用胎鼠作为分离病毒的动物》的文章。

吴梓梁：假如我们没有中断，没有"文化大革命"，也许是我们首先培养出乙脑的疫苗，那时候我们做的毒力已经降到两个对数单位了，百分之一了，只剩下百分之一的毒力了。如果没有"文革"，成果可能就出来了。

十年"文革"，让钟世藩的医学研究戛然而止。

钟世藩的妻子廖月琴时任肿瘤医院的副院长，因不堪"红卫兵"与"大字报"羞辱而自杀。

钟黔君：我妈去世的时候，他感到非常痛苦。我们把我妈的骨灰拿回来，他一直放在他的房间，他一直陪着她。1978年，中山医才举行骨灰安放，那个时候他才拿出来。他临走时都交代，一定要把他的骨灰和我母亲的骨灰混在一起，然后到厦门把它撒到海里。

沈皆平：这些信都是钟世藩教授写给我的，一共有20多封，第一封是在1971年我刚到海南不久。

信上写着："最近广州外文书店有来征订，1971年度影印外文现期期刊，我订了一种北美儿科临床送给你。"

沈皆平：我收到这封信很感动，想不到在这种环境下，钟教授还惦记着我的学习。

写信积极鼓励学生的钟世藩，当时已经被当作"反动学术权威"，失去医生看病的工作权利，被指派到儿科去洗奶瓶。

吴梓梁：一辈子看病，一辈子读书，都是为了用，所以没有工作，对他是最大的打击。

不能出诊、不能搞科研，于是钟世藩给自己定了个目标，把多年的儿科临床经验写成一本书。

钟南山：他曾经跟我说过，现在中国内地，高水平的仪器或者器械、影像这些，在广大基层很困难，所以能不能够通过症状的诊断，鉴别诊断，普通的检查，能够对大多数的儿科疾病诊断，得到恰当的治疗，这是他的初衷。

在1972年10月的一封信上，钟世藩说："关于我的写作，约写出了三分之二，还有三分之一没写""自己总觉得很吃力，眼力越来越差，以致进度很慢"。

钟南山：为了参考材料，他必须去图书馆找，他是很早吃完早餐就去，一坐就一天。他那个时候眼睛已经不太行，他有复视，眼睛看东西有两个影像，这样就比较困难，所以，科里面一位温医生来帮他整理，同时帮他誊稿。

历经曲折，这本《儿科疾病诊断鉴别》在1979年出版，面世之后马上售罄。虽是学术专业书籍，内容却浅显易懂。

"当天气寒冷时，医生的手和听筒头，都应先温暖后才检查，以免刺激小儿，抗拒检查。"

字里行间依然流露着钟世藩的医者仁心。

吴梓梁：他的书是首先以症状为主的，等于查房一样的，好像是发烧了，他就写发烧，发烧应该从哪几方面去看，去诊断，咳嗽了应该怎么去看，他平常怎么做的就是怎么写的，不容易写的，很难写的，他那时写出来大概有40多万字到50万字。对整个儿科来说是第一部鉴别诊断书籍。

在钟南山眼中，钟世藩是位严父。1979年，钟南山赴英国留学，为了提高英语水平，开始用英文写家书。

钟南山：收到我父亲的回信，我一接到信的时候，信挺厚的，我有点奇怪，是什么东西，我后来打开一看，一封是他写给我的信，另外一封是我写给他的信，但是用红笔把我每一句英文都改了，当时看了，花花的满页都是改的，心里面很不是滋味。后来我就再写，大概有十几封信。进步了以后他就不会改了。

留学结束，钟南山因为工作出色得到导师的赞赏，告诉父亲后，他获得了父亲唯一一次表扬。这一年，钟南山45岁。

钟南山：爸爸写了一句话，你让外国人知道了中国人并不是一无是处。我能够得到我父亲这么一个评价，我觉得比其他奖励更好。

1987年5月，远在美国的沈皆平收到钟世藩的最后一封来信。信中钟世藩如往常一样和他讨论了病毒研究的问题，但字迹明显潦草了许多。此时，这位年过八旬的老人已经相当虚弱。

钟黔君：他去世那一天，把我们两个，我和我哥，把我们两人抱在一起，三个人拥抱在一起，可能他知道，时间不多了。

1987年6月22日，钟世藩因患肺源性心脏病逝世，享年86岁。

沈皆平：他是一个非常好的医生。是一个非常好的老师，教育的最高境界叫润物无声，不知不觉中他已经感化了你。用自己的一言一行来影响你。

吴梓梁：假如能做到他一半，学他的作风，就会是一个好的医生，可惜现在，离他太远了。我是努力地学，但是我也落后了。

钟黔君：他的很多事情也影响了我，所以说是我们一生的榜样。

钟南山：他一辈子想做的就是，希望能有所发现，能够有所创造，这是他一直坚持的东西。一心一意地想搞临床、搞科研、搞教学，属于这么类型的一个人，学者。

钟世藩在指导临床治疗工作

钟世藩与中山医一院儿科全体医务人员合影

钟世藩的学术著作

钟世藩与夫人廖月琴（中山医华南肿瘤医院副院长）、
儿子钟南山、女儿钟黔君合影

钟世藩在图书馆查阅文献

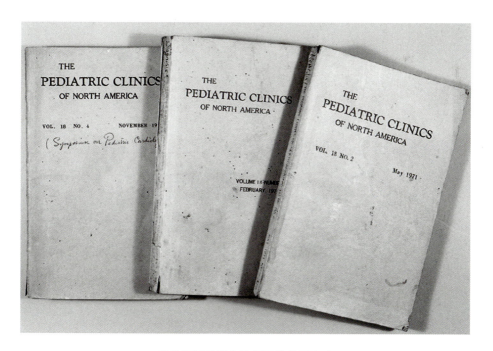

钟世藩送给学生沈皆平的外国杂志

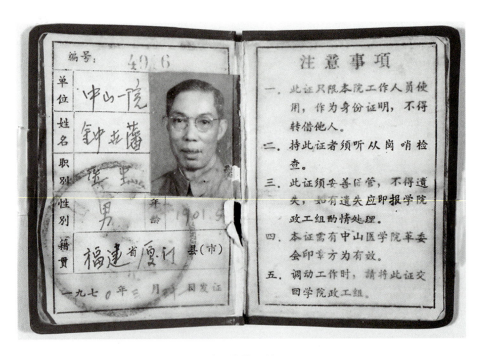

钟世藩的证件

钟世藩的笔记本

秦光煜 篇

(1902—1969)

秦光煜，曾任协和医学院副教授、北京大学医学院教授。1948年到广州后，历任岭南大学医学院教授兼病理科主任，华南医学院、广州医学院和中山医学院教授，病理学教研室主任，中华病理学会广东分会副理事长。1964年，被选为第三届全国人大代表。从事病理学教学和研究工作，在血液病、脑瘤和麻风病理等领域有深入研究。1950年首次报告中国南方甲型脑炎病例。与人合著中国第一部《病理学》专著（1951年），著有《界限类麻风内脏病变》（1962年）和《网织细胞增生症和不白血性网织内皮细胞增生疾病的本质》（1964年）等。

志 传

秦光煜是我国著名的老一辈病理学家。他数十年如一日，从事医学教育和病理学研究，学术造诣极深。他治学严谨，勤于学习，诲人不倦，培养了大批病理学人才。他科研兴趣广泛，对麻风病理学进行了开拓性研究，成绩卓著，为我国病理学发展做出了重大的贡献。

秦光煜于1902年11月20日出生于江苏省无锡市的一个医药世家。1920年，在复旦附中毕业，旋即考入北京协和医学院医疗本科。在学期间，勤奋好学。1930年，以优异成绩毕业并获得医学博士学位。毕业后留协和医学院病理科任教，选择了病理学作为终生献身的事业。

1930—1942年任协和医学院病理科助教、讲师、副教授。1940年，赴美研修脑病理学和脑肿瘤病理学。曾先后在哈佛大学、耶鲁大学、纽约蒙桑纳医学院与当地学者切磋脑病理和脑肿瘤病理，表现出他坚实的病理形态基础和渊博学识，深得美国同行的赞誉。1942—1948年受聘为北京大学医学院病理科教授兼科主任。1948年，南来广州，受聘为广州岭南大学医学院病理学教授兼病理科主任。1953年后，为中山医学院病理形态研究室主任兼法医学教研室主任，中山医学院院务委员。1954年起，任中华人民共和国卫生部科学委员会病理形态学专题委员会委员、中华病理学会理事、《中华病理学杂志》编委、《中华医学杂志》（外文版）编委、广东省病理学会副理事长。1961年，任民盟中山医学院支部主任委员。1964年被选为第三届全国人大代表。

秦光煜勤于学习，善于总结，在病理形态学研究上有很深造诣，是我国优秀的临床病理学家。他指导青年教师、进修生业务学习，培养研究生，并负担着国内疑难病例的会诊。他不仅知识渊博，且实践经验丰富，深得同行专家敬佩。秦光煜治学严谨，从教数十年，但备课从不马虎。上课前认真备课，讲课时旁征博引，论证精辟，深入浅出，逻辑性强，重点突出，语言幽默，深受学生欢迎。1951年，他和胡正祥、刘永编写并出版了我国第一部以国内资料为主体的《病理学》巨著。该书既是教材，亦是病理工作者的参考书，图文并茂，很受读者欢迎。1954—1955年，中央卫生部热带病研究所在当时疟疾流行区海南岛举办"高级疟疾防治学习班"，秦教授应邀授课，他编写了《疟疾病理学》讲义，以详实资料描述了疟疾所引起的全身器官的病变，特别是对脑型疟疾病变的观察有独到之处。他还编写了《脑肿瘤病理学》《血液病病理学》和《麻风病理学》等教材。1964年，他参与了梁伯强教授主编的《病理解剖学》教科书的编写工作。

秦光煜教授科研兴趣广泛，对肿瘤、内分泌、血液病、脑瘤、寄生虫病和麻风病等病理研究均有较深造诣，著述甚多，发表了40多篇具有深远影响的学术论文。1941年，发表的《视网膜母细胞瘤组织发生学》和《出血性胰腺炎病因研究》被国内外学者所引用，至今仍成为这方面研究的参考文献。1955年发表《中华分支睾吸虫并见肝原发性黏液癌》，此文细致描述了中华分支睾吸虫寄生胆管与肝管癌发生之间的形态学关系。为此，秦光煜教授提出中华分支睾吸虫胆管寄生可能是部分原发性肝癌发生的原因。他是我国第一位支持梁伯强教授学术观点的人。因早在1928年著名病理学家梁伯强教授的《中华肝吸虫传染和原发性肝癌发生》一文中，首先在我国提出，肝吸虫的感染可能是原发性肝癌的原因之一。此观点于1956年始为原香港大学侯宝璋教授大量尸解材料所证实。1962年，他首次发现界线类麻风内脏病变，被国际著名麻风病理学家誉为"创造性工作"。1964年，《网织细胞增生症或不白血性网织内皮细胞增生性疾病的本质》一文发表，此文根据丰富的临床病理资料，在我国首次阐明了该病的临床表现、病理形态特点和分类及与各种相关疾病的鉴别诊断，统一了对本病本质的认识，提高了我国病理学界和临床医生的诊断水平和治疗效果。此外，秦教授在寄生虫病、疟疾、脑病病理和脑肿瘤病理等研究上成果颇丰，极大地丰富了我国病理学的内容。

秦光煜教授在学术上最主要的成就，在于对麻风病进行开拓性研究。20世纪50年代前后，麻风病肆虐广东。1955年，广东省委成立了麻风病防治领导小组。领导小组成员中有当时的广东省委书记和省卫生厅行政领导。秦光煜教授是领导小组成员之一。领导小组下设临床研究组和基础研究组，秦教授是基础研究组的负责人。秦光煜教授为了取得第一手材料，广泛收集麻风病人的皮肤病变组织，开展麻风病人的尸体解剖。经过努力，终于收集到100例麻风病人尸解材料。他从大量的活检和尸检材料研究中，结合临床资料，对麻风病的病变发生、发展、各类型及其亚型的病理组织学改变，提出了独到见解。更为可贵的是在界线类麻风病人尸解材料中，首先在心肌、肝、脾、骨髓、神经组织、睾丸和内脏淋巴结等器官发现麻风病变。这一发现极大地丰富了人们对麻风病本质的认识。被国际麻风学界誉为"创造性工作"。在麻风病研究过程中发现麻风病各临床亚型在病理学上有其特点。换句话说，麻风皮肤病损病理学上的改变能反映出临床特点。因此，可根据皮损病理学上的改变来评价治疗的效果，为临床治疗提供理论根据。

秦光煜培养青年教师和研究生，严格而又细致。他给青年教师复查病例，要求事先有充分准备，详细观察标本，找好文献，提出初步诊断意见。复查时，秦光煜教授边看标本，边询问，并作好笔记，联系临床，提出诊断根据，最后才字斟句酌写出诊断和总结，严格认真。直到现在教师们还常常提及，秦教授复查病例前，全身神经高度紧张，心跳也加快，可见精神非常集中。秦教授指导研究生和青年教师写作论文时，十分耐心细致。对初次写论文的教师，他亲自复查标本，指导文献检索，确定论文重点。初稿完成后，他逐字逐句，包括标点符号，反复修改多次，才最后定稿。论文作者很感慨地说："论文这样'三上三下'，收获很大。"

1966年"文革"开始，秦光煜蒙冤受屈，于1969年4月10日在广州逝世，终年67岁。

● 忆　述

锡山秦氏，是江南名城无锡的望族，北宋文学家秦观的后裔。1902 年，秦光煜在这里出生。18 岁时，以优异成绩考入北京协和医学院医疗专业本科。10 年后，获医学博士学位。

按照入学时的计划，秦光煜毕业后会走上临床，成为一名内科医生。可他在这个转折点上却改变了主意，决定留校执教病理学。

王连唐（中山大学中山医学院病理教研室原主任）：病理学是一个研究疾病、病因、发病机制跟病理变化的重要的学科，是基础跟临床的桥梁学科。

20 世纪 30 年代，我国的病理学研究处于起步阶段。受困于中国人的传统观念和丧葬礼仪，以尸体解剖为基础的病理学研究难以开展，研究者寥寥。

秦光煜经受多年西医教育洗礼，深感基础学科的落后制约着中国临床医学的发展，决定"偏向虎山行"。

当时，病理学家胡正祥教授主持的协和病理科是中国学术水平最高、资料最丰富的病理学中心。秦光煜在此先后担任助教、讲师、副教授，并争取到赴美研修的机会。

王连唐：在北方，是胡正祥；在南方，是梁伯强。"南梁北胡"，开创了我们这个现代病理学。

在胡正祥麾下，秦光煜迅速成长。他读遍了所有病理学的相关专著，尤其擅长将病理形态学与临床表现的结合研究，承担了国内许多疑难病理标本的诊断任务，成为我国病理学解剖诊断方面的权威专家。

1948 年，秦光煜受时任岭南大学校长陈序经的邀请，接受教职，从北京来到广州。

1955 年，一个寻常的南国之夜。

广东省东莞县石龙镇东江河下游的一座江心小岛上，不时传来痛苦的呻吟。小岛原名郭屋洲，四面环水，与外界隔绝。这里坐落着当时广东省最大的麻风病院——石龙新洲麻风病院。

此时，在80千米外的广州康乐园，有一个人同样夜不能眠。中山医学院病理科教研室主任秦光煜，翻看着一份刚收到的任命文件，陷入思考。

刘子君：那个时候，很多业务工作者就怕麻风病，都很少做麻风病的治疗，做麻风病的医生。

麻风病，在20世纪50年代，让人谈之色变。

这是一种慢性传染病，世界各国有关麻风病的记载可以追溯到数千年前。病情严重的麻风病患者多四肢畸形、面容恐怖，被疏离、被歧视，往往缺衣少食，生境惨淡。

陈妙崧（广东省泗安医院麻风康复者）：（我得了麻风之后）我老爸啊，大哥啊，大嫂那些人都很怕我。有子女的，就骂那些子女，叫他们不要走到（我的）门口来这样。他们很怕的嘛，在那间房，都当我死了一样。

彭海堤（广东省泗安医院麻风康复者）：神经痛，神经痛得你，啧啧啧，好痛哦，神经痛，哎呀，形容不出来的，好痛好痛。痛到你哭。很多人神经痛都是，我们去医院啊，有的人自杀就是因为神经痛。痛得顶不住。

刘子君（秦光煜学生，原广东省麻风病防治领导小组基础研究组成员）：以前说有麻风啊，就是能够传染别人的话他自己的麻风病就会减轻，所以有这个思想，就很恐怖啦。麻风病人到处找人接触啊。其实不是的，不是说接触别人后，别人有病你就轻啊，没有这回事。这是一种错误的想法。但是，造成社会上一个很坏的影响，别人看到麻风病人就怕啦。

20世纪50年代，中国经历了一场大规模的麻风病疫情，全国86%的县（市）发现有麻风病病例，1949—1998年，累计登记麻风病患者人数在5万名以上的就有广东、山东、江苏、云南4个省。

这段时间，新洲麻风病院的患者人数也达到顶峰。

黄少宽（广东省泗安医院麻风康复者）：听说我们去到，算埋（粤语——算上）我们都有1200多人。好多人的。

许德清（秦光煜学生，原广东省麻风病防治领导小组临床研究组成员）：那时候没有一个很准确的数字，就是说，两东，一个山东一个广东，似乎广东的病人比山东的多。是否有几十万病人并不是很清楚，但是每个县都有，这是肯定的。

因为疫情严重，广东省委于1955年成立麻风病防治领导小组，下设临床研究组和基础研究组。

时任中山医学院病理科教研室主任的秦光煜，接到了这样一个任务。

刘子君：卫生厅的领导，省长啊，书记找到他，委托他能够在这方面，开展麻风病病理的工作。希望他能够领导麻风病基础理论的研究。

此时，秦光煜已是国内外知名的病理学家，主要的研究方向是肿瘤，此前并未接触过许多麻风病例。而当时，国内对麻风病防治的研究几乎是一片空白。

几经思量，秦光煜做出了一个出人意表却又合乎情理的决定。接下这项任务，出任广东省麻风病防治领导小组基础研究组组长。

刘子君：他对钩端螺旋体病啦，疟疾啦，还有这个麻风病啊，那么他也感觉到这个这些都是属于流行病的一种，所以他都很有兴趣。他就愿意在这方面跟其他的医疗工作合作来解决热带病的问题。

......

新洲麻风病院，于1910年左右由比利时籍神父江医生创建，占地两百多亩，独立于小岛郭屋洲之上。

这里屋舍林立，除了有将男女麻风病人分开的男洲、女洲，还有麻风病人工作的砖厂、监禁患麻风病罪犯的监狱以及供麻风病人节假日表演娱乐的舞台。

对无法根治又饱受歧视的麻风病病人来说，虽然条件艰苦，却自成一处避世天堂。

彭海堤（广东省泗安医院麻风康复者）：皮防站知道哪条村有麻风病人，那么就去问，逐家逐家地去问，你们去不去省医院医疗啊？有人收你去啊，我去啊，新洲那么远我就去啊。所以我就报名了。

黄少宽：去到新洲，就是晚上了，吃完晚饭后了。我们到了之后，那些病人就帮忙搬啊，组织那些工作人员又帮忙搬下这样。搬上岸啊，搬上房间啊。就是这样。

陈妙崧：那些医生呢，那些医务人员。那些医生，男医生，女医生都很好的。是啊，都好好的，不错的。那些医生。

麻风病病人在新洲麻风病院接受治疗，在身体状况允许的情况下参加劳作。除了病发时的痛苦和偶有病友去世的噩耗，生活算是过得去。

但随着麻风病疫情的爆发，患者人数剧增，新洲病院也渐渐拥挤起来。

一天，一则令人恐惧的消息传来。有些医生来到新洲，却不给病人看病，而是专门找麻风病人的尸体做解剖。

彭海堤：我们有点怕啊，要开刀。

陈妙崧：我那时候说，死了为什么还要做解剖。为什么要宰人呢。他都死了，真是好惨。

主刀解剖的医生名叫刘子君，秦光煜的学生兼麻风病研究助手。

在答应接手麻风病基础研究之初，秦光煜就向卫生厅厅长提了一个要求：做100例麻风病病人尸体解剖。

刘子君：厅长就说，好吧，那我们都一定帮你解决这个问题，所以就宣布全省里边，凡是有尸体解剖的地方，都要与我们教研室联系，我们派去人去做尸体解剖。

这是秦光煜深思熟虑的结果。

此前，麻风病在中国虽然存在已久却从未得到过系统的研究。秦光煜主持麻风病基础研究的主要任务，就是要从根本上搞清楚麻风病的发病机制，为临床诊治提供依据。最直接的方法，是通过解剖尸体来观察和研究器官病变的性状。

但是，秦光煜知道，提出100例尸体解剖的要求，即使得到支持，也不是轻易能完成的任务。

刘子君：比较近的，能够当天来回，或者是今天去明天就可以回来的，这个比较多啊。其他远一些的县，我们就寄信去让他按照我们的要求来做解剖，把标本寄给我们，就检查。

周慕珩（秦光煜学生，中山大学第一附属医院病理教研室原主任）：什么时候有解剖他就让你什么时候去，不管是上班时间还是周末，你都要去，晚上他们也（做）。有的时候晚上做完了回不来啊，没车啊，他们在那里就随便这样过一个晚上了。

黄少宽：那间房临时一间开手术室，戴细帽啊，这些东西消毒都是很要紧的。不给细菌进去的。这样的。

彭海堤：白衫，白的，全身白的。就手套，胶手套。他们白衫戴口罩，戴帽子。

刘子君：有的时候就放在地上，放在医院的外面，那么这样就要弯下腰来做的，很辛苦的，做完之后的标本呢就拿那个桶装，做完以后就马上要赶时间回去了。有的时候碰到公安人员和警察，他就问，你怎么搞的？拿这个什么东西？人的东西？你们是不是杀了人啊什么的。我们说不是，我们是解剖尸体，我们是医院的医生，去麻风病院。

麻风病是热带病的一种，秦光煜采取的研究麻风病病理的方法，沿用了之前进行的疟疾病理研究中总结的经验。

1953年，医学昆虫学家何琦受中国医学科学院委托，率队来到海南岛组建疟疾研究站。

海南地处热带，曾是有名的"瘴疠之地"，当时疟疾是当地最常见的热带病，肆虐全岛。

刘子君：他（何琦）就带一些很有名的教授。大家就结队去做这个疟疾病的临床跟传染病的研究和流行病学的研究。究竟它的发病怎么样，各种疟疾的病变究竟怎么样，他们都需要在那边摸清楚海南岛疟疾的情况。

疟疾是虫媒传染病，要展开研究必须对疟疾病情有基本的了解，特别是疟疾病理。

何琦找到了秦光煜，希望他能来疟疾防治学习班教授疟疾病理的内容。秦光煜欣然应允。

刘子君：因为这个在北京是没有的，所以他过去也比较少接触这个热带病。他来了以后就很感兴趣。

秦光煜与北京热带病研究所所长钟惠澜是协和的同班同学，两人感情深厚。听闻秦光煜到南方任教的消息，钟惠澜激动地对秦光煜表示，以后热带病病理的研究就都由你帮忙了！

当时的海南还只是一个地处偏远的离岛，设施非常落后。虽是应邀前往，秦光煜在海南的生活条件也十分有限。疟疾防治学习班借用海南医学专科学校的课室开课。

刘子君作为学生和助手，相伴秦光煜左右。

刘子君：我们也得很简单，住在海南医专里面的两个木房里。秦教授就住一间大一点的，我就住小一点的。

学习班的学生，都是中央卫生部疟疾研究所的相关医务人员。临行前，秦光煜和刘子君整理了所有能得到的疟疾病理学标本，随行李携带至海南。秦光煜还专门编写了《疟疾病理学》讲义，力求把疟疾病理讲得深入浅出。

刘子君采访：标本就是两种，一种就是显微镜下的玻片，一种就是肉眼的标本，因为标本它能够讲得很清楚，他都是很细致地讲它究竟是怎么改变的。玻片也是这样，这样你就能够掌握这个显微镜观察下的改变。

高级疟疾防治学习班的授课持续了两周，课程结束后秦光煜返回广州。学习班的毕业生们则奔赴各地，成为全国各疫区防治疟疾的中坚力量。

在广东，秦光煜领导的100例麻风病死亡病例尸解工作继续进行，刘子君和同事们奔波于不同的麻风病院和中山医学院之间。

而麻风疫情依然凶猛。新的麻风病患不断进入新洲麻风病院，同时一些症状较轻的患者正在逐渐痊愈。

陈妙崧：那些人说你医好了，你的病没菌了，给你检查。帮你看，没有菌了，你可以走了。你可以回去了。我说我不回去，我说我家里不同意我回去。

安叔（东莞市石碣镇单屋村村民）：就是这样，他也不敢回家。就住在我们单屋那个洲，那条洲里面，自己建一个房，小小的。

许德清：所以对麻风病的诊断我们是很慎重的。如果不是麻风病你诊断是麻风病，戴这个帽子的，这对这个病人就很伤害了，那么家人会歧视，社会的人也会歧视。

秦光煜开始担心，如果等到全部工作完成再形成报告发表，不知有多少麻风病人将错过治疗，而痊愈的患者也会一直生活在歧视与误解当中。

秦光煜不敢有丝毫懈怠，始终与临床研究组保持着密切的联系。

许德清：我们在诊断麻风的时候，会有些矛盾的。就是临床的诊断和他（秦光煜）的诊断不一致。那么他发回来可能说是，但我们认为不太像。那么就有矛盾啦。他很谦虚，他说你把这个病理片子拿回来我再重新看一看，是不是麻风。

秦光煜根据大量材料，结合患者皮肤的变化对麻风病进行分期，帮助临床医生判断麻风病症的发展阶段和用药效果。几番会诊后确诊后的麻风病人，才会被送入麻风病院接受治疗。

黄少宽：在收容所打大风子油，去到新洲就吃药啦。如果吃这种药不对，就转第二种药；第二种药不对，就转另一种这样了。头尾都有三四年的。也有两三年的。

刘子君：我们要把病变综合分析，分成进展期、活跃期，或者消退期啊、消退中期，或者消退后期啊，或者静止期等。然后，给临床一个明确的回答。那么，临床医生就知道我的用药是有效的，需要继续治疗。

1962年，秦光煜又首次在界线类麻风病人尸解材料中发现心肌、肝、脾、骨髓、神经组织、睾丸和内脏淋巴结等器官的麻风病变，极大地丰富了人们对麻风病病理的认识，被国际麻风病学研究誉为"创造性工作"。

刘子君：界线类麻风很多人都想了解的，但是没有一个很好的标准。那么，秦教授在这方面有兴趣，他希望能够比较明确界线类麻风的病变是什么样的。的确是，他也发现了，就把这个病变发表。

秦光煜和助手还依据大量对病变组织活检和尸检样本的研究，结合临床资料，对麻风病的病变发生、发展、各类型及其亚型的病理组织学改变，提出了独到的见解。

以恶性较高的瘤型麻风为例，正常情况下，麻风杆菌侵入人体之后会被巨噬细胞吞噬。如果人体免疫力低下，麻风杆菌就会大量繁殖，并随着血液和外周神经系统散布全身。一旦麻风杆菌入侵患者内脏，就可能引起患者内脏功能衰竭而致死。

100例麻风病患者尸体的解剖工作持续进行了10年，在1965年终于全部完成，其中，涉及瘤型80例、结核样型18例、界线类2例。

然而，1966年"文化大革命"爆发，秦光煜对麻风病的进一步研究和麻风病防治领导小组的工作都被迫中止。

1966年"文革"开始，秦光煜被扣上莫须有的罪名，蒙冤受屈，身心受到严重摧残。1969年4月，在"文革"的风雨中饱受冲击的秦光煜在广州离世，终年67岁。

直到15年以后，1981年11月，卫生部在广州召开第二次全国麻风病防治工作会议，才重新确定了麻风病防治救治工作的方向。

刘子君：（麻风研究）相关的文章后来都是在20世纪70年代、80年代发表。而且发表的地方都是在全国一级的杂志啦，如《中华病理学杂志》《中华皮肤病杂志》，还有《中华医学杂志（外文版）》等。《麻风》那本书就是我们写的，在上海出版。中央卫生部科研评比里，给我们一个二等奖。

新一轮的麻风病防治工作以秦光煜的研究成果为基础，成效显著。1988年，广东麻风病年发病率从1958年的10万分之19.72，下降到1988年的10万分之0.4。

2014年，中国疾病预防控制中心发布的数据显示，我国麻风现症病人不到5000人。

许德清：（以前）我们在门诊，一个礼拜总是会有不少麻风病人来看病，就是在门诊。现在我一年都看不到一个。

曾经人流涌动的新洲麻风病院，因病人人数急剧减少，于1975年停办，在院病人被转至泗安麻风病院安置。这座曾经的广东省内最大的麻风病院从此销声匿迹。

秦光煜没能看到抗击麻风病疫情的战斗取得胜利，但他和他领导的麻风病理研究小组，无疑为我国麻风防治史写下了最为耀眼的一笔。

在麻风病研究之外，秦光煜还在肿瘤、内分泌、血液病、寄生虫病病理等方面造诣颇深，发表了40多篇高质量的学术论文。

1951年，他与胡正祥、刘永合作编写并出版了《病理学》一书。这是我国

第一部以国内资料为主体的病理学专著。

20世纪60年代的前半段，每周六下午在中山医学院举行的临床病理讨论会，秦光煜常常出席作病理诊断结论的发言。他的论据有力，字斟句酌而直切要害。与当时最有名望的一批临床、放射等各科专家一起，将讨论会办成城中医学盛事。

肖官惠：不但座位全部坐满了，阶梯里面它中间的路啊，一级一级地，都坐了人，还有后面也站着（人）。

秦光煜还与著名病理学家梁伯强合作，举办了多期高级病理师资班和进修班，为全国的医学院校、科研和医疗卫生单位输送病理学人才，极大地推动了我国病理学的发展。

莫庆义：他是很随和的人，有时候，他到病房，来看病人，对着我们都有说有笑的。

肖官惠：他学识渊博，对这个病的前因后果，国内国外的动态，都能够给你介绍，还有一个比较珍贵就是他对这个诊断本人的一些经验，哪一些看法哪一些什么，这些东西，书本里面往往都没有的。

古美慈：他要求很高，比如他考试吧，他是零点几分都给你算上，非常严格。给你看啊，一些玻璃片，就slide，我们叫slide。他都把它摆出来，你们只管一个一个去看，看完就考试。

刘子君：他有时候礼拜天也会到教研室工作。我们在他就很高兴，我们不在，他心里边就不太高兴。所以我们也不太敢，所以我们礼拜天都要去上班都要去工作。很认真，很细致。很严格，他不会马马虎虎，一是一，二是二。

周慕珩：（教研室）每一年都有新的老师要进来嘛。我们就觉得很奇怪，大家都觉得秦教授很奇怪，你一来他就叫你同志，什么同志这样叫的。那过来一段了，你通过实践，参加了这个业务工作，有一定提高，也可以说是开始入门了，他就会叫你医生了。

秦教授的授课有三个特点：第一，注重整体联系，向前紧密联系生理、微生物等基础学科，向后紧密联系发病机制和临床表现，使学生全面了解疾病。第二，讲授内容都有统计学、前期学科内容和实验病理学来论证，培养学生科学思维和兴趣。第三，总论和各论既分又不分，两者有机结合，例如，在讲到总论的碳水化合物代谢障碍，马上讲授各论的糖尿病。今天看来，秦教授的授课方式已经包含现今正被推崇的"以疾病为中心"的医学教学思想，这在当时是非常先进的。

秦光煜带领青年教师开展病理教学与科研（右一为刘子君）

病理解剖教研组主任秦光煜和青年教师
一起在深夜核对科研资料（右一为宗永生）

1953年3月,岭南病理欢送第一届高级病理师资班合影

1959年7月,梁伯强、秦光煜(前排右五)及教研室教师与1958年师资班进修生合影

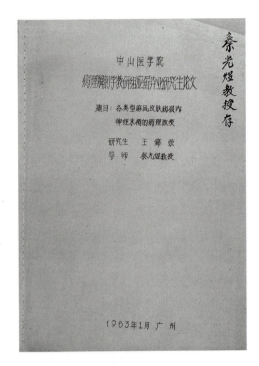

秦光煜撰病理解剖学教研组十年来工作总结　　秦光煜为导师的毕业研究生的论文

秦光煜在授课中

秦光煜的《关于恶性肿瘤的报告》

陈心陶 篇

(1904—1977)

陈心陶，我国寄生虫学奠基人。1931年7月起，在岭南大学任教，在广东从事医学寄生虫学的研究工作，历任岭南大学医学院教授，广东省血吸虫病研究所所长，华南医学院、广州医学院和中山医学院教授，广东省热带病研究所所长。第三、四届全国人大代表。1930年起从事华南地区的蠕虫区系调查和并殖吸虫、异形吸虫实验生态学研究，发现"广州管圆线虫"等新种。首次证实广东为日本血吸虫病流行疫区，为广东和中国消灭血吸虫病做出了重要贡献。著有《医学寄生虫学》（1958年），获1978年全国科学大会优秀著作奖。主编《中国动物志》"扁形动物门吸虫纲复殖目〈一〉"，获1986年国家自然科学三等奖。晚年主编《中国动物志·吸虫分册》。

○ 志　传

陈心陶，福建省福州市人，生于1904年。民国十四年（1925），毕业于福建协和大学生物学系。毕业后，在广州岭南大学任教。1928年，被选送赴美留学，在明尼苏达大学攻读寄生虫学，获硕士学位。1929年，转哈佛大学医学院进修比较病理学，获哲学博士学位。1931年7月回国，仍在岭南大学任教。

他一面教学一面进行华南地区蠕虫区系调查以及并殖吸虫、异形吸虫的实验生态研究，填补了我国寄生虫学研究的空白，为华南地区的寄生虫相和人畜共患疾病的研究打下了坚实的基础。他还发现一些寄生虫新种，如广州管圆线虫，直到20世纪60年代以后，人们才逐步认识到这是一种世界性分布的嗜酸性粒细胞增多性脑膜炎病原。他还对肺吸虫进行了系统的实验研究，于1940年发表了专著《怡乐村并殖吸虫》。他在专著中用极为丰富的数据说明了发现肺吸虫的可靠性，这对当时国际上倾向于肺吸虫只有威氏并殖吸虫的看法产生了很大的影响。此外，在这部专著中提出的形态学和实验生态学的特征，直到现在还被公认是重要的分类依据。1959年，他发现的斯氏并殖吸虫，已被证实是在我国广泛流行的一种类型的肺吸虫病的病原。

岭南大学医学院成立后，陈心陶任寄生虫学和细菌学教授兼生物系主任，开始对中国华南地区蠕虫区系调查以及并殖吸虫、异形吸虫实验生态研究，填补了中国寄生虫学研究的空白，为华南地区寄生虫和人畜共患疾病研究奠定了基础。

1938年，日军进占广州，岭南大学被迫几度搬迁，停办后，他转任江西省中正医学院教授兼江西省卫生实验所所长。1946年下半年，岭南大学复办，他回到岭南大学医学院任寄生虫学科主任、教授、代院长。1948年，他去美国，在华盛顿柏罗维罗蠕虫研究室和哈佛大学、芝加哥大学先后参观工作了1年多，并在这一段时间里完成了蠕虫免疫方面——绦虫囊尾蚴免疫反应实验的重要研究。

1949年秋，中华人民共和国成立，他舍弃了留美工作的优厚待遇，立即回国。途经香港时，又有香港某科研机构以比美国更优厚的待遇聘请他，他毫不动摇,并决然地说,"金钱于我如浮云""娘不嫌儿丑,儿不嫌娘贫",表示要回国同广大人民群众一起开垦"荒地",绝不反悔。他回到广州,即到岭南大学任教。1950年夏天,广东省四会县的人大代表反映该县一个地区的"大肚病"对人民的生命危害很大。其时陈心陶教学任务繁重,但他毫不犹豫地接受了去四会县调查和防治血吸虫病的任务。当时,广东农村的新政权尚未巩固,人身安全缺乏保障,交通又不方便,生活条件极差。陈心陶不辞劳苦,不顾个人安危,只身深入到四会县黄岗樟村,沿河进行调查。几经艰辛,终于第一次在广东所属地区检获钉螺,后来经过动物感染试验,证实了广东血吸虫病流行区的存在。

他不顾社会治安不稳,血吸虫的感染与交通不便等困难和危险,带领防疫队的队员进入了四会县的黄岗樟树。一到那里,他就忘记了长途跋涉的疲劳,立即向当地农民借来一只小船,沿河进行调查。几经艰辛,他先后到了四会、三水等重点疫区,一路上只见田地长满荒草,房屋破烂不堪,行人寥寥无几,偶尔遇到一些行人,也都是表情呆滞、面黄肌瘦、肚大如鼓,行动艰难的人。一次,他在三水调查时,农会的人介绍,这里是六泊草塘,面积有10万多亩,因地势低洼,春夏水涨时变成一片汪洋大海,秋冬水枯时,便是芦苇荆棘遍地。横贯草堂有一条小河,人们称它为"毒河"。当地村民就是因为饮用了"毒河"的水得了"大肚病"的,面临对这种情况,陈教授心情十分沉重,他决心弄清楚"大肚病"是不是日本血吸虫病。这要通过检查病人,特别是检查病人的粪便才能证明。他要寻找血吸虫病的传播媒介,以弄清此病在当地是原发还是从外地传入的来龙去脉。由于受迷信的影响,疫区没有一个人肯让他检查粪便,怎么办呢?急中生智的陈教授给一个捂着肚子叫痛的孩子及时送上便盆,并说你拉了大便,肚子就不痛了。这样才采得标本,结果在他的粪便中查到了血吸虫卵。为了寻找钉螺,陈心陶教授进入重点疫区的六泊草塘,弯着腰,弓着背,沿着河溪在水草中仔细寻觅,后来在一条水流缓慢、杂草丛生的支流岸边,找到了只有米粒大的钉螺,他把螺壳压碎,在显微镜下观察,发现螺体逸出无数活动的具有叉尾的尾蚴,极似血吸虫病感染期的幼虫。通过动物实验,他终于找到了日本血吸虫的成虫。经过10多天的认真调查,他们发现六泊草塘有螺面积达八万亩,钉螺最密集的地方,1平方尺内能找到660多个。每年汛期,草塘一片汪洋,钉螺随水漂流,影响了周围十多个村庄,灾难紧随着这里的人民。

1951年始,他深入疫区调查研究,进行科学实验,并在发现与确定广东省血吸虫病的流行之后,连续奋战了20年,摸清广东省钉螺的生态、生理、人体防护、血吸虫病流行情况、规律与特点;对血吸虫病的诊断、治疗等方面都进行了研究。1951年，陈心陶通过对广大地区的现场考察，对重点地区的调查与实验资料的分析，不仅摸清了患血吸虫病人的数目，确定了疫区的范围，还对血吸虫的中间宿主钉螺的生态学进行了实验室及现场观察和试验，掌握了华南地区钉螺的分布、生长周期、活动情况等生态规律以及各种环境和水源的感染性差异与季节波动的情况及其与血吸虫病的关系等。根据这些基础理论研究的成果，提出了针对华南地区特点的一整套从控制流行到消灭血吸虫病的战略计划和综合治理措施，使广东省成为我国第一批达到基本消灭血吸虫病，并能巩固下来的省份，受到国际医学界人士的关注和赞赏。

他还对恙虫病进行了研究，发表了60篇论文，从研究本病流行的基本环节之一的媒介恙螨生态学入手，了解发病地区媒介的分布、活动和传病的规律，着重解决恙螨与恙虫病流行规律的关系，总结出几种恙虫病流行的可测性，并提出了针对性的预防和灭病措施。

1953年，高等院校调整后，他调至中山医学院寄生虫教研室任主任、教授，还兼任广东省血吸虫病研究所所长、热带病研究所所长。

重视农村现场工作，是陈心陶鲜明的治学风格。他经常说"现场工作是寄生虫学研究的第一要事""研究寄生虫，一定要到现场去观察它们的生态，才能找到正确的防治之路"。据柯小麟回忆，陈心陶绝不安坐于实验室，让助手或者学生把钉螺、蚊子等媒介送来给自己观察。他一定要亲到现场，亲自采集，而且亲自去看病人。这样做的风险不言而喻，长年累月的现场观察和实验，使陈心陶染上了血吸虫病，但他依然不改初衷，乐观坚强。他这种身先士卒、不顾安危、无私无畏的精神，感召了所有的学生。

在陈心陶的指导下，血防组的青年教师们深入三水、四会两县及粤北马坝等地，长期探索平原水网沼泽地及丘陵沟渠地两种不同疫区的钉螺生态及灭螺措施，坚持8年之久。研究蚊子生理年龄的那一组青年教师，租住在农民屋，定期通宵观察蚊媒密度，每隔一段时间就在煤油灯下逐只解剖蚊卵巢内小管，确定蚊的生理学龄期，以分析蚊媒高峰与疟疾及丝虫病流行的关系……一批优秀论文与研究成果，就这样从无数个艰苦而充实的日日夜夜中产生了。

陈心陶于1977年10月29日在广州逝世，享年73岁。

忆 述

1904年5月4日,陈心陶出生于福建古田,8个月大时母亲就因病去世,父亲再娶,继母刻薄。严苛的成长环境,让陈心陶从小就立志读书,好走出故土。18岁那年,陈心陶考入福建协和大学生物系,依靠勤工俭学开始了独立生活。

1926年,22岁的陈心陶大学毕业,受聘为岭南大学助教、讲师。

珠江南岸,现在是高楼林立的都市一角,90年前,却是水田密布的乡村景象。物是人非,怡乐村留存的印记只剩下地名。

当年,陈心陶就是在怡乐村的小河畔找到一种小螺,从小螺里找到并殖吸虫的尾蚴,在蜍螟中找到囊蚴,又在野鼠肺中找到成虫。在做了大量研究工作后,肯定这是一个新虫种。

李桂云(陈心陶学生,原中山医科大学基础学院院长):他没有说急着什么时候发表,他反复地看,而且从自己的实验中反复证明。在怡乐村繁殖,有一个生活史的期间,叫囊幼,圆的叫囊幼,这个囊幼在显微镜下,只有几毫米,他为了解决它(囊壁)是一层还是两层,要经过非常多的切片来证明,他曾经为了这个几层的问题,做了200多次的切片,来证明这个。

詹希美(原中山医科大学寄生虫学教研室主任):没有把握的,他是不讲的,要讲的东西一定是通过证实以后。他的论文,到了后面我们再读,也没有发现不恰当的地方。

严谨治学的陈心陶,在岭南大学的两年,成果斐然。

1928年,陈心陶考取奖学金赴美国留学。他用1年时间获得明尼苏达大学寄生虫学硕士学位,又用2年时间获得哈佛大学医学院比较病理学博士学位。

这个接近三十而立的年轻人没有停留,结束学业即收拾行囊,回到祖国。

陈思轩(陈心陶之子,加拿大西部大学物理系电子实验室原主任):他觉得自己的根还是在中国,他要回来,他博士答辩以后马上就回国,连毕业典礼都没参加。

1931年，陈心陶成为岭南大学副教授。1933年，发表了重要新种"广州管圆线虫"，晋升教授兼生物系主任，成为中国最年轻的科学家之一。

1934年，发表重要新种"怡乐村并殖吸虫"，打破当时学术界认为并殖吸虫只有卫氏并殖吸虫的刻板认知。

詹希美：当时在世界上一个比较流行的说法是只有卫氏并殖吸虫，为了证明它不是和原先的卫氏并殖一样的，就从幼虫到成虫到终宿主，都做了实验。这个贡献很大，不但是从成虫上能看出来它和卫氏并殖不一样，而且从囊蚴可以看出来，是不一样的。它把生活史循环做出来了，可以说在寄生虫，特别是并殖吸虫的研究上是开了先河的。

1935年，岭南大学医学院成立，陈心陶任寄生虫学和细菌学教授兼生物系主任，开始对中国华南地区蠕虫区系调查以及并殖吸虫、异形吸虫实验生态研究，填补了中国寄生虫学研究的空白，为华南地区寄生虫和人畜共患疾病研究奠定了基础。

1938年10月，日本侵华，广州沦陷。随岭南大学撤往香港的陈心陶，并不知道他的学术研究成为了侵略者窥伺的对象。

李桂云：他们直奔而去，就找他的实验室、他的实验记录结果，他们都要。

陈思轩（陈心陶之子）：当时日本人把他实验室好多资料拿走了。

战火频仍，昔日宁静的校园早已放不下一张安静的课桌。

在香港的陈心陶却在人心浮动中，完成了中国最早有关并殖吸虫的权威性专著《怡乐村并殖吸虫》，这部100多页的专著所提出的形态学和实验生态学的特征，直至今天，仍被公认为重要的分类依据。

动荡年代，家国浩劫，科学没有国界，科学家却有国界。醉心学术的陈心陶引起了伪政府的注意。

1941年12月，香港沦陷，岭南大学发不出薪水，陈心陶一家陷入山穷水尽境地。

陈思轩：那个时候，停办以后，等于就没有工资发了。家里就把当时从内地带去的首饰、一些值钱的东西拿去变卖、去养家。伪广东大学姓何的一个人到香港来，要我父亲回去，当伪广东大学的校长，我父亲一口就否决了，说让我当这个大学校长，我宁愿死，我也不去。

这是一次大是大非的抉择，陈心陶担心日伪逼迫自己就范。在拒绝日伪分子诱降的第二天，他乔装成难民，只身离港，北上寻找迁往曲江的岭南大学。

分手之际，他嘱咐怀有身孕的妻子返回广州生产，等待时日，北上团聚。

却万万没有想到，他与妻子腹中的孩子竟是诀别。

陈心陶离开后不久，妻子郑慧贞带着两个女儿北上广州，生下四女儿静希后不久，乘坐"难民船"前往曲江寻找丈夫。途中环境恶劣，襁褓中的静希因淋雨生病夭折，大女儿静萍在船上落水，从此被哮喘病症折磨。

陈思轩：其实，我父亲什么也没说过，因为这段苦难都是我母亲告诉我们的，他对家里的苦难或者自己的苦难几乎都没有在家里提过。

终于，陈心陶与和妻女在广东曲江汇合。而岭南大学受战事所迫暂时停课，陈心陶只能带着家人颠沛流离。

陈思轩：江西实验所找到我父亲，说他们一个所长走了，要找一个专家任实验所所长，我父亲就答应了。但是合同上签着说，因为我父亲并不是国民党党员，不需要他管党务，他只是当他的专业所长。这段经历好像只有一年时间，但是这段经历以后就变成了"文化大革命"中被折磨被炮轰的重点。

1945年1月，儿子陈思轩出生不到3个星期，赣州战事吃紧，实验所紧急疏散。陈心陶一家，再次分散逃难，后在福建长汀重聚。

直到1946年8月，岭南大学复办，在厦门大学谋职的陈心陶回到了阔别8年的广州。

1948年8月，陈心陶应邀赴美国华盛顿柏罗维罗蠕虫研究室、哈佛大学医学院实验室及芝加哥大学访问研究。在那里他完成了蠕虫免疫反应试验等重要研究。3年后，他将这项技术用在了广东血吸虫患者的筛查上。极大节省了之前诊断需要收集粪便、清洗，找到虫卵再孵化的过程。

血吸虫病的免疫诊断，就是把虫作为抗原，制作成液体；将液体打到患者皮内，很快就会出现免疫反应（抗原抗体结合），从而判断是否感染血吸虫。这种方法简便，解决不少问题。

中华人民共和国成立后，陈心陶谢绝了国外大学和香港研究机构的挽留，新政权在广州建立后的第三天，他回到广州岭南大学医学院。

李桂云：他说娘不嫌儿丑，儿不嫌娘贫。因此，他依然回来了。

陈思轩推开"陈心陶故居"大门，走进屋里，凝视父亲的铜像：

我们家从1946年，在这个房子里住了18年。父亲于1926年从福建来岭南大学工作，一直到去世，在岭南、在中大，工作了将近半个世纪。这半个世纪，父亲在这做了什么呢？我也是最近才慢慢了解到的。我今年已经70多岁了，我希望在我的有生之年能够尽可能地了解父亲、靠近父亲。

1985年12月9日，广东在全国率先宣布消灭血吸虫病。

陈心陶——中国著名寄生虫专家。他的名字镌刻在纪念碑上，面对着六泊草塘。

陈思轩（陈心陶之子）手里拿着疫区照片，听老人们讲述曾经的疫区景物，对比今昔。

三位老人：现在这边漂亮好多了，变了样了，现在全变了。

一张血吸虫疫区拼接照片，在陈心陶书桌的玻璃板下一压就是20多年，他也未曾料想，前半生研究寄生虫，后半生防治血吸虫，他的名字就从此留在这片土地上。

当年的六泊草塘，面积10万多亩，一条小河贯穿其中，当地人称"毒河"。

当地人认为正是这条河让他们得了"大肚病"，得病者消瘦无力、大腹便便、表情呆滞。最终家破人亡。

1950年9月，时任岭南大学寄生虫教研室主任的陈心陶，受广东省政府委托，进入六泊草堂，面对"毒河"。

陈思轩：我小时候记得，他很多时候都不在家，一早我还没睡醒，听见楼下的门响，他就走了，妈妈送他走了。后来我才知道，他是一早赶到大沙头去，坐车或者坐船，去下乡。他的行李从来不解包的，牙刷牙缸草鞋，那些东西都放在那，随时准备走的。

手划小艇、深入沼泽，在"毒河"岸边芦苇荡中，陈心陶找到了答案。

这种南方地区寻常可见的钉螺，成为中华人民共和国成立之初解开大规模防治寄生虫病难题的钥匙。

陈心陶碾碎钉螺后，发现了血吸虫尾蚴，之后又在病人粪便中找到血吸虫卵，经过动物感染试验，首次证实广东有日本血吸虫病流行。

詹希美：他首先发现了广东的病人，如果没有他的发现，作为一般医生，根据血吸虫病病人出现的腹泻、肚子痛、肝脾肿大——这种症状在医院见得多了，不会考虑到血吸虫感染这方面去。如果没有想到这方面去，还不知道什么时候才能发现病因。

当时，广东省共有11个疫区县，有螺面积将近20万亩，病人6万人。

黎家灿（陈心陶学生，原中山医科大学寄生虫学教授）：最关键的是消灭钉螺，消灭钉螺以后，传染源就没有了。

李桂云：钉螺是唯一的中间宿主，消灭了它以后，流行的环节就被切断了。

如何消灭钉螺？20世纪50年代的新中国百废待兴，这个今天在长江流域仍未完全解决的问题，在当年更是"难题"。

1950年，已经探明"大肚病"致病原因的陈心陶，正面临一个关键问题，如何消灭血吸虫中间宿主——钉螺？当时包括广东在内，长江以南有12个省都是血吸虫病疫区，患病人数约1 000万，受威胁人数约1个亿。而国内主要的技术思路是——药物灭螺。

詹希美：首先，一条河流、一个湖泊，甚至是几万亩地，要多少药，经费上就有问题了。其次，是药物，当时的药物是五氯酚钠，毒性是比较大的。大到什么样？在沟倒下去药，沟两边的草都长不出来。

黎家灿：药物要大面积撒，整个环境都污染。

陈心陶认为，药物灭螺不适合广东。1952年，他提出在丘陵疫区应结合兴修农田水利，采用铲沟灭螺等措施；草塘沼泽疫区，则应结合生产围垦灭螺。

针对广东实际情况，沿北江和绥江一带修建堤围，改造面积达6万亩之多的六泊草塘。

这是一个因地制宜的办法，可是一直拖到4年后才得以实施。

詹希美：改变生态环境就要改变河流的流向，改变田地的分布与河流的关系，当时很难做到，在私有化的情况下，不愿意。1956年成立了人民公社，那个时候才行。农业发展纲要，农田水利建设刚刚好和这个时间撮合在一起了。

一经试用，陈心陶生态灭螺的新办法成效显著。

1956年1月，在中南海怀仁堂，招待最高国务会议代表的宴会上，陈心陶被安排坐在毛泽东主席的旁边。

陈思轩：他就坐在那，发现坐得很靠中间，发现毛主席来了，发现就坐在毛主席旁边，他当时激动得不得了。

国家最高领导人对血吸虫病防治的关注，让他激动不已。

陈思轩：毛主席就问要多久才能消灭血吸虫，他就说5年。毛主席问3年行不行，这句话就给他很大的震动，回来就老是说，毛主席说要3年消灭血吸虫。他就更加拼命地去做。

除了对血吸虫的深入研究，陈心陶还在野鼠中发现了"广州管圆线虫""怡乐村并殖吸虫"，在果子狸中发现了"斯氏并殖吸虫"，在溪蟹中发现了"三平正并殖吸虫"及"巨睾并殖吸虫"。

目前，世界上发现的20多种并殖吸虫中，有7种来自陈心陶的研究贡献。

詹希美：以前认为只有威氏并殖是致病的，后来，陈心陶发现了巨睾并殖、斯氏并殖都可以致病，起码有几种，弄清了病原体，陈心陶教授做了很大贡献。不管是医生也好，控制疾病也好，只有知道病原体，知道它的生活史，才能够有效地控制它，如果没有的话，叫你控制，你也不知控制哪里。

陈心陶带领的中山医寄生虫教研室，从只有蠕虫实验室，陆续增加了恙虫室和蚊媒室。他的学生也从新中国成立初期只有徐秉锟、江静波、蔡尚达几位，到后来中山医时期系统招收研究生、进修生、师资班学员，培育了一大批寄生虫学人才。

黎家灿：他培养年轻人就是这样，一来到教研室，先看国内外文献，了解寄生虫学的学科是怎么样的。了解完以后，每个人都要下乡。下乡是有目的的，有些人被安排去搞疟疾，检查疟原虫，有些人被安排去搞丝虫，有些搞肺吸虫。所以，大家都很忙，特别是年轻人，跑来跑去，大家当时觉得好辛苦啊。

陈心陶要求，教研室每个年轻教师都要选择研究方向，调查研究要亲力亲为，同时还要参加教学，扩充知识面。他制订的这些学术规范，在寄生虫研究学界影响至今。

黎家灿：所以年轻人来到教研室，业务提高比较快。又专又广，一个人能钻到一个内容里，做出成绩来。广涉所有的寄生虫学科，很多东西都懂。

李桂云：我们教研室的发展，过去只有3个人，后来就有30多个了，丝虫、疟疾，五大寄生虫病都涉及。

1960年，陈心陶个人专著《医学寄生虫学》出版。1964年，陈心陶在庆祝中国动物学会成立30周年大会上，代表学科报告并发表《我国寄生虫学30年来的发展与成就》。

1965年，陈心陶专著《医学寄生虫学》荣获中国科学著作一等奖。

接着，一场史无前例的风暴袭来。陈心陶在"文革"中被打成"反动学术权威"，各项工作被迫中断。

许国煌（原三水血防站医生）：他住在小房子里，小房子又窄又黑，破破烂烂，下雨又漏水。吃的是咸菜、酸豆角，白天到草塘去放牛。

陈心陶被下放到省三水"五七干校"，之后，又被下放到三水县血防站"接受再教育"。64岁的寄生虫专家不得不和年轻人一起下草塘查钉螺。

许国煌：后来，陈教授来血站的时候，一检查，发现有血吸虫毛蚴。大家说陈教授你也感染了，他说很难避免的。

1971年，陈心陶因肝脾肿大，做了脾切除手术。

陈思轩：当时医生给我说，正常的脾脏是3两重，他的脾是6斤重，相当大的。血吸虫会引起肝脾肿大，可能是这个原因使得脾肿大。脾脏切除的时候发现有些淋巴大了。

1973 年，周恩来总理指示中科院牵头编写《中国动物志》，陈心陶当选《中国动物志》编委会副主任和其中的《吸虫志》主编。陈心陶得以回归正常生活，可他的身体已经大不如前了。

1977 年春节前夕，陈心陶被确诊患有"淋巴肉瘤白血病"。

陈思轩：已经是晚期。当时发展得很快，很多地方淋巴都肿了，就没有再做手术，就马上进入化疗。

陈心陶的主治医生正是学生李桂云的丈夫。

李桂云：他就说能不能给我 5 年时间，为什么 5 年呢，当时接受了主编《动物志》这个任务。所以他跟我先生讲，给他 5 年，我听了以后，心里很难过。

陈思轩：他临终前一直惦记着《吸虫志》的工作。最后一晚，他模模糊糊在那喊，我俯到他口边，听他说拿纸拿笔，我要写，这几句话说得很微弱，但是我听得很清楚，他肯定是想写《吸虫志》。

1977 年 10 月 29 日下午 3 时，陈心陶在广州病逝。

在他离世后的第八年，1985 年，广东在全国率先宣布消灭血吸虫病。

许国煌：大家高高兴兴，就是想起少了一个陈教授，如果他能够看到今天，多好。

黄士龙：如果当时用药物，恐怕到现在不知道完成任务没有。

詹希美：咱们医生看病，比如说给某个人看病，只能看一个人，一个月能够看几十个几百个。但是作为研究病原学的，特别是流行病学、传染病的，我们要解决的是一个地区、一个国家的问题，这个做研究是不一样的。陈教授这种研究，得益的是什么人？首先是疫区的人民。

红色小楼里，陈思轩在楼内寻找当年的痕迹。

陈思轩：钢琴原来就放在这儿的，原来没有这个门。母亲是女子学校的，所以她教过钢琴，我们是五个子女都学钢琴。我的三姐和妹妹都是从初中阶段就到了中央音乐学院，每次暑假回来，家里肯定要开一次音乐会，父亲就在一旁坐在那听着。只要没工作、只要有假期，他都会和家人在一起。

陈思轩：他西洋音乐也喜欢，民族音乐也喜欢。他特别喜欢听"二郎山之歌"，每次坐火车的时候都要点播这个歌，我觉得他是因为自己生活比较坎坷，而且他那种勇攀科学高峰的精神，跟"二郎山之歌"非常符合，所以他爱这首歌。

陈思轩：他是要么不做，做就一定要做好，这是他的哲学，人生哲学，所以我觉得这个是很重要的。他觉得这个事情关系到人民的健康，而且，他自己已经开始了这个事业，他一定要把它完成。我觉得他整个人生就是这样。

陈心陶 篇

陈心陶于1931年在美国获博士学位后在回国途中

陈心陶划小船，沿河沟找血吸虫中间宿主——钉螺

陈心陶 篇

1956年,毛主席接见陈心陶

1962年,陈心陶在指导研究生查阅文献

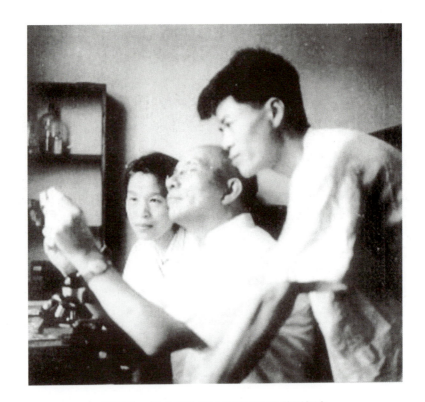

1962年，陈心陶在精心指导研究生鉴别标本

1962年，陈心陶（左二）在指导青年教师

陈心陶等骑自行车在血吸虫疫区做调查

陈心陶出访日本

周寿恺 篇

(1906—1970)

周寿恺，历任岭南大学医学院、华南医学院、广州医学院和中山医学院教授，岭南大学医学院院长兼博济医院院长，中山医学院副院长兼第二附属医院院长、系统内科教研室主任。第三届全国人大代表，第一、二届广东省人大代表，第二届广东省政协常务委员。临床经验丰富，蜚声医坛，曾担负许多重要医疗任务。20世纪50年代中期创建内分泌学实验室，开展对糖尿病糖代谢、植物神经功能状态对糖代谢的影响，以及席汉氏病动物模型的制备等研究。60年代初开始胰岛素放射免疫分析等深层课题研究，并取得重要成果。长期从事教学与教学管理工作，是构建中山医学院富有特色教学体系的组织者与开拓者之一。

周寿恺 篇

○ 志 传

周寿恺，福建厦门人，中山医学院内科学一级教授，著名医学教育家和内科学、内分泌学专家。曾任岭南大学医学院院长、中山医学院副院长。

周寿恺在1906年出生于厦门一个书香门第的家庭，父亲周殿薰热心教育文化工作，乐善好施，闾里称颂。在家庭教育的熏陶下，周寿恺自幼聪颖好学，有为国家效力、为人民解困的抱负。1919年，周寿恺13岁，进入厦门同文书院读书，以优异成绩毕业。1925年，考入福州协和大学读书。次年，转学至北京燕京大学。1928年，在医学预科毕业，获理学学士学位。接着，又在北京协和医学院攻读，于1933年毕业，获医学博士学位。周寿恺学生时代已经初露才华，他勤奋好学、善于思考、热心公共事业，在协和医学院读书时他就获得学习成绩优秀奖，并表现出很强的组织能力，被推选为学生会职员。毕业后，周寿恺留北京协和医学院任助教，担任医疗、教学工作，他基本知识扎实，大胆探索，临床医疗技术和教学水平提高很快。并初步形成个人的风格。他曾到美国哥伦比亚医学中心和哈佛大学医学院留学。中华人民共和国成立后，历任广州岭南大学医学院内科教授，副院长，院长，并兼任博济医学院院长。1953年后，中山大学医学院、岭南大学医学院和光华医学院合并，改名为华南医学院。周寿恺任内科教授兼校务委员会副主任。改名为中山医学院后，周寿恺任副院长兼第二附属医院院长，系统内科教研室主任、内科教授。曾当选为第三届全国人大代表，第一、二届广东省人大代表，第二届广东省政协常务委员。

在长期从事医学事业的生涯中，周寿恺十分重视临床实践，用他厚实的理论知识，指导临床工作，解决临床实践中发现的具体问题，又从临床病例去提高实践工作的能力。因而，他的临床经验丰富，蜚声医坛，曾担负过许多重要的医疗任务。他与我国内分泌学的先驱刘士豪、朱宪彝教授一起，从事开拓钙磷代谢及其他内分泌临床实验的研究工作。20世纪三四十年代，他与同事合作，发表了《骨软化症的钙磷代谢》《垂体促性腺抽提物对幼鼠卵巢和子宫的作用》《阿狄森氏病血清电解质和矿物质的改变》等论文。这些课题的研究在当时处于学科研究的前沿，尤其是对华北地区具有针对性的意义，对我国内分泌和代谢性疾病的研究做出了贡献。

20世纪50年代中期，内分泌学还是我们国家一门新兴的学科，周寿恺和他的同事们在物质条件较困难、设备较简陋的情况下，一起创建了内分泌实验室，并迅速开展了对糖尿病糖代谢、植物神经功能状态对糖代谢的影响以及席汉氏病动物模型的制备等课题的研究。建立了多种激素及其代谢产物的生物化学、生物测定方法，同时积极进行临床内分泌学的研究，以提高对内分泌疾病的诊疗水平。20世纪60年代初，中山医学院的内分泌学实验室从无到有，逐步完善，开始进行对更深层课题的研究，如对胰岛素放射免疫分析等。可惜这些研究工作因十年"文化大革命"浩劫冲击而中断，但它直到今天还是我国华南地区内分泌临床实验和基础理论研究的重要基地。

中华人民共和国成立后，周寿恺的主要精力和大部分时间放在教学和教学管理上。中山医学院成立之初，周寿恺是学院里8个最有名望的一级教授之一。为了搞好医学院的管理工作，他放弃了几乎全部专业工作的时间，出任副院长，主管教学工作。尽管已肩负了繁重的行政工作任务，他仍不辞劳苦，坚持抽时间给学生上课，坚持临床查房教学。在教学管理上，他经常下到课堂听课，从中发现教学中的新人新事，加以总结和推广。他常对行政管理人员说："你们应当首先是一个教师，然后才是一个管理者。"他鼓励他们深入教学第一线。他自己则经常深入课堂，他几乎听过学校里每一个教师的讲课，每一门课程主要讲什么内容，谁的课上得好，他都心中有数，并能及时提出改进教学的指导性意见。

他在教学管理工作中的一个重要贡献，就是组织各有关教研室的教师，理顺医学教学中36门课程之间的关系。对各门课程间内容的深度和广度、衔接和配合、继承和发展等作了平衡。同时对全部实验、实习训练课的要求和重点也进行过系统的研究。在这个基础上组织制定了教学大纲，使中山医学院的教学能走上正规化、规范化，教学水平大大提高。中山医学院的教学工作和教学质量受到全国同行的好评。

周寿恺在教学管理工作中的另一个重要贡献，就是协助柯麟院长联系校内的专家教授，建设一支高水平的师资队伍。20世纪50年代后期，中山医学院集中了一批全国著名的医学家，教学、医疗力量很强。周寿恺善于团结这批来自不同医学院校的知识分子，依靠他们形成一种好学风、好校风。在形成校风的问题上，他说单一个人学风好不行，一批人都这样做就成了气候。他还说："只有知识分子的作用得到发挥，学校才能昌盛。"在这一思想指导下，他努力发挥学校各个老专家的专长，积极培养新人，鼓励青年教师刻苦锻炼，勇于进取。

他在教学管理工作中的第三个重要贡献，就是多次召开教学方法研讨会，强调改进教学方法的重要性，引起教师的重视，促进了教学质量的提高。这一做法是先进的，在他的努力下，逐步形成了一套行之有效的教学方法。

周寿恺始终深入到教学实践中去，对整个医学教育有系统的深刻的认识，在医学教育理论方面总结出一套有创造性和系统性的教学理论体系，提出根深才能叶茂的论点，强调基本理论、基本知识和基本训练三者结合。首先，他强调教师应该不断地开展科研和教学法的研究，以利于深化认识和创造性思维。其次，他重视临床实验研究，指出这是提高教学和医疗质量的重要环节。他认为，只有在实践中摸索得来的经验才是最有价值的东西，这样得到的知识才牢固。他提倡启发式的教学方法，要求教师不囿于课本讲课，目的是启发学生的临床思维，更好地领会理论知识。他讲课逻辑严密，富有创造性，以"有形的思维"见称；临床查房教学中，则以思路开阔，推理深邃为学生所推崇。他还提倡不同学术见解的自由争论，培养独立思维能力和独创精神。事实上，他培养了一批优秀的青年医生，他们现在已成为教学科研上的骨干力量。

他知识渊博，除了医学上的成就外，在自然科学和社会科学方面也有高深的造诣：他对立体电影、血白细胞计算器有创造性的研究成果；他深入钻研过我国的文字，提倡简化汉字，并发明了"轮廓字"，出版了有关的专著，得到国家文字改革委员会的称赞。

周寿恺于1970年6月15日在广州病逝，享年64岁。

忆 述

周萼（周寿恺长女）：我祖父是清朝的举人，可是他是不当官的，所以，成为举人以后就到厦门开始办学，要用教育来救国。我爸爸应该说就受这一影响很大，就是希望能够为中国做点儿什么事。

厦门周宝巷，因周殿薰和他的兄长周殿修同榜中举而得名。1906 年 11 月 10 日，周殿薰的二儿子——周寿恺在这里出生。

5 年后，辛亥革命推翻了清朝政府，而紧接着开始了各系军阀的连年混战，民不聊生。1925 年，周寿恺从厦门同文书院毕业，将来要做什么？他面临人生的第一次重大抉择。

周萼：他爸爸要用教育来救国，他觉得用医疗也能去救这个咱们当时中国这么穷困的老百姓，他还是希望能够学医，这样能够帮助更多的人。

19 岁的周寿恺决定从医，只身前往福州协和大学读书。后转入北京燕京大学的医学预科，于 1929 年考入北京协和医学院。当时，协和学费要价一年 100 银圆，相当于现在人民币 3 万元。周家世代书香，甘守清贫，对如此高昂的学费无力负担。

周萼：他（周寿恺）就去跟周围的（人）了解。有个邻居肯借钱给他，但要加利息，然后去念书，大概家里也就同意了。

北京协和医学院对学生采用严格的淘汰制度，与周寿恺同期入学的 24 名学生，仅有 17 人顺利毕业。周寿恺成绩优异，排名全班第二。

他决定留校，兼顾临床和教学，与我国内分泌学先驱刘士豪、朱宪彝一起，从事开拓钙磷代谢及其他内分泌临床实验的研究工作。其成果对当时的华北地区极具针对性。

千里之外，周寿恺的故乡厦门鼓浪屿上，位列印尼四大糖王之一的黄家，爱女黄萱初长成。糖王黄奕住早年闯荡南洋，深受西方文化的影响，尊重女儿对自己人生大事的选择，而黄萱也暗暗定下了明确的择偶标准。

周萼：我母亲很明确地说了，她不嫁给富一代，也不嫁给富二代，她一定要嫁给自己有专业知识，有能力为大家服务的这种人，所以，才通过介绍认识了我父亲。

年轻的内科医生周寿恺让黄萱一见倾心，黄奕住对周寿恺也十分满意。1934年，周寿恺与黄萱订下白首之约。

黄奕住爱女心切，希望小两口常伴左右，他对准女婿周寿恺说："鼓浪屿缺少一所设备先进的现代化医院，不如我投资建立一所这样的医院，你来当院长。"这无疑是一个安家立业的好机会，不想却被周寿恺婉言谢绝。

周萼：他愿意在大的公立医院，一个就是反正拿工资，我可以用最低廉的钱来让病人痊愈，私立医院一定要考虑收入。另外一个，在大的公立医院里面可以搞研究，一直到他生命的最后，他一直是跟上最新的医学成就。

1935年9月，周寿恺和黄萱在上海举行婚礼。次日，两人就出发回到北京，在协和医学院附近的甘雨胡同租了一间房，开始了他们自己的生活。

周萼：我父亲跟他（黄奕住）的表态很清楚，如果你女儿嫁给我，就要跟我走，我要独立生活，就不在你的屋檐下生活，要不然就算了。

周任（周寿恺之子）：比较印象深刻的就是，他跟我说，去看望外祖父家里人的时候，去的时候带一个藤箱子，走的时候还是带一个藤箱子，就是不沾他的光。

黄萱美丽贤惠、知书达理，每当周寿恺站上人生的十字路口，她总是温暖而坚定地支持丈夫做出的决定。

周黄二人携手30余载，缱绻情深。周寿恺曾真情表白："如果在众多的教授夫人中重新选择，我还是会选择你。"

周萼：他俩（生）活得很愉快，我爸爸使劲地工作，我妈妈就在后头使劲地支持他。

我母亲欣赏的就是有专业能力、为大家服务的这种人，我父亲正好做的就是这种事。所以，对她来说，就顺理成章地一定支持他，而且要陪伴着他，这样子他才能够很放心地在那儿工作。

1937年7月1日，31岁的周寿恺被北京协和医学院聘为内科助教，年薪2700元，是当时普通工人收入的20倍。

杨永楦（周寿恺学生杨锡寿之女，贵阳市政协原副主席）：当时在中国，医学，尤其是西医，是非常吃香的、是非常稀少的，赚钱很多。

然而，仅仅6天后，七七卢沟桥事变，抗日战争全面爆发。

时任北京协和医学院生理学系主任的林可胜率先投入抗战,奔赴武汉、上海等地组织战后救护工作。不久,周寿恺和几位同事追随老师参加抗战,毅然放弃高薪厚禄,向协和请辞。

协和医学院对这些年轻的优秀教员百般不舍,但最终放行。在给他们的信中写道:"亲爱的周教授,组织认为你们都是人才,允许你们在离职前改变主意。否则,你们唯有在10月31日前离开医学院。假如日后局势稳定,您想回来工作,医学院会衷心欢迎您的回归。"

周任:实际上他必然会选择抗战这条道路,没有第二种选择,他一定会这么做的。

周萼:我爸爸他原来就有这个想法,就是要为国家服务,他不愿意当亡国奴,我一定要想办法用我的专业知识去帮助这些受伤的军人或者生病的军人,使我们的战斗力更强,所以,因为这个,他就决定跟林可胜去搞这个战地医疗。

1937年10月,中国红十字会在汉口组织成立战时救护委员会,林可胜任委员会总干事。11月,周寿恺加入担任内科指导员,走上了抗战前线。

随着抗日主要战场不断西移,战时救护委员会先放弃武汉,移至长沙,后又暂住祁阳,最后迁往西南重镇贵州,在贵阳图云关安营扎寨。期间,战时救护委员会整合有关救护、人员、器材、运输工具等资源,改组成立中国红十字总会救护总队,在抗战大后方组织战地救护,直至抗战胜利。

杨永楦:救护总队的生活很艰苦的,我听我父亲说,饭都吃不饱。

周萼:到了图云关我们应该说比其他人还是不艰苦,因为就是说我们原来的物质条件比较好,可是那跟本来在协和的生活来说那是相当艰苦的。

杨永楦:在茅草房里生活,茅草房,它是用石头和着土,用一个木箱子,和一个很重的木槌子把它夯紧,这叫"干打垒",把墙筑起来以后再盖上茅草,这就是茅草房。里面的条件非常差,除了睡的床,几乎就没有什么办公设备。周寿恺和他的太太、儿女在这里生活了6年。

当时中国500万抗日大军中只有不到1 000名合格的军医。战场上兵戎相见,血流成河,军队医疗服务完全跟不上。后方大多数卫生员的医学知识仅限于几个星期的换药培训,很多伤兵因此轻伤变重,重伤不治。

林可胜为此成立军政部战时卫生人员训练所培训军医,任命周寿恺为内科主任。

上任之初,周寿恺前往军营考察伤亡救护情况,却被眼前传染病肆虐的景象震惊了。

杨永楦：他看见士兵的身上长了很臭的垢，垢的后面长的就是虱子，还有跳蚤，这样（就患上）斑疹伤寒、回归热、疟疾。再加上当时军队条件非常差，（士兵们）很拥挤地住在一起，所以就相互传染。

周寿恺当机立断，改善军营的医疗卫生环境必须从遏制传染病开始。但是，战地条件艰苦，人员庞杂，隔离传染病人根本做不到。如何消灭传染源呢？

几番思考，周寿恺利用贵州当地的一种土灶，想到了一个办法。

杨永楦：他就想到贵州有一种大的锅，这个锅是蒸酒用的铁锅，底下可以支火来烧，铁锅上面支的是烤酒的木桶，木桶一蒸就会有热气，很高的温度，他就号召生病的士兵，就把他们的衣服蒸了。

高温蒸汽给士兵们的衣服消了毒，可是共用木桶洗澡的问题依然存在。贵州水资源奇缺，洗澡一人一桶水几乎没有可能，更不要说每次彻底消毒木桶。这条传染源导致士兵当中沙眼、疥疮、皮肤病蔓延，这又该怎么办呢？

杨永楦：他们就把木桶装了水，钻了孔，用竹子从水桶里面引出水来，然后，几个士兵就在底下冲（洗），就相当于我们现在的淋浴。用这种方法洗澡以后就会很卫生。

堵住了传染源头，士兵们的健康状况明显好起来。周寿恺也顺利开始了训练所的培训工作。他为教学编著了防疫计划系列丛书《斑疹伤寒回归热及疥疮之防治》，其中有多幅插图，形象生动。

杨永楦：林可胜非常欣赏，就给它写了序，然后寄到香港去出版，香港出版以后拿回来，不仅是卫训所的教材，还是军民用的公共卫生手册，这个贡献是非常大的。

各个医疗队都行动起来，按照这本书的指导建立灭虫站，在战场后方打响了灭虱治疥的战斗。

抗战后期，战时卫生人员训练所开设的课程有传染病，有内科临床，还有理学诊断、实验诊断和细菌学、普通外科、药物学、外科临床、战时外科、解剖学、生理学等，设施条件虽差，教学却一丝不苟，学员完成学业立刻投入应用。图云关卫训所成为动荡年代传播现代医学的阵地。

杨永楦：到了1943年、1944年的时候，有源源不断地运到图云关的药品和器械，先进的，我父亲说有X光，还是大毫升的，还有一些生化的器械，还有显微镜。卫训所的病人对象很多，并且病情也复杂，使得医生的教学不断地增多。

战时的图云关，周寿恺一家的融洽气氛吸引着许多参加抗日和后方医疗救护工作的年轻人。周太太黄萱，出身名门，蕙质兰心，坚定地支持丈夫的事业。无论条件如何艰苦，总还是能变着花样发掘生活的小情趣。

周萼：做点蛋糕给他们吃，包括后来的驻美大使章文晋也说，你们家的蛋糕最好吃了。我就问我妈妈，当时那种条件，你做什么蛋糕，你怎么能做蛋糕。她说实际上只能找点面粉，白糖都没有，找点红糖，找点鸡蛋，她会做蛋糕，反正她就把它做出来了。实际上并不是说蛋糕有多好，而是就给这些单身汉一个很温馨的家。周家是年轻人的乐园。

周寿恺通过地下党，把大量的药物、医疗队员和医疗器械转送给了八路军。

1943年前后，图云关卫训所已经初具一所医科大学的规模。

1944年，战时卫生人员训练所正式开始招收新生，成为后来国防医学院的雏形。

1949年，国民党中央政府秘密计划退守台湾。7月，福建厦门，鼓浪屿，绿树浓荫遮住了夏日的似火骄阳，时任上海国防医学院教授、内科主任、少将军医的周寿恺已经闲居在此有半年之久。

这天，一位神秘人走进了周家别墅的院门。

周任（周寿恺儿子）：最后一次来的时候我都看见了，我和我父亲一起在院子里接待他。

来人名叫曾享能，内科医师。

这次登门拜访的目的只有一个，劝说周寿恺携家眷随国民党政府撤退台湾，并送上赴台湾机票。

周萼（周寿恺大女儿）：当时国民党政府要把国内的这些知识分子拉到台湾去，大概我父亲应该也在那里面，所以他们一而再再而三地来，带飞机票来，带我们全家的飞机票来，要我父亲去。

早在1948年年底，周寿恺所在的国防医学院就已经接到了撤退的命令。时任中华民国卫生部部长、国防医学院院长的林可胜委任周寿恺负责医学院的全部搬迁事宜。

1949年年初，周寿恺组织考察组赴台选址，将国防医学院新址确定在台北市水源地。工作完成后，周寿恺以处理搬迁善后事宜为借口，返回大陆，并设法回到厦门家中。

随后，国防医学院正式迁往台湾，周寿恺被列入赴台任职名单。

然而，在从上海飞往台湾的撤退包机上，周寿恺没有出现。

周任：我父亲就说不去。

周萼：他看到国民党政府的腐败，他觉得跟他们去没有前途，这是一方面；

另外，他认为大陆是真正的中国的主要部分，他要服务于这些人。

连同去厦门给周家送机票的曾享能也没有出现在包机上。他选择回到曾经求学的美国继续行医。中美建交后，曾享能受聘为中国驻美大使馆医学顾问。

留在大陆，周寿恺平静而坚定地做出了选择。

一如12年前，抗日战争的炮火刚刚点燃，周寿恺就决定要去前线。哪里有人遭受疾病创伤之苦，哪里就是他的战场。

1949年10月，中华人民共和国成立，周寿恺已经在鼓浪屿的老宅闲居一年有余。

周萼：他就转了一圈，这时候，广州岭南大学的校长陈序经教授，他当时把北方出来的这些名教授尽量地能够请到岭南大学来，提高岭南大学的整个教学水平，所以给他下了聘书。另外一方面，他发现岭大有很多他原来的同学、老朋友，比较熟悉。

周寿恺接受了陈序经的邀请，举家南迁。1951年，出任岭南医学院院长。

周萼：他就是觉得北方已经有协和医学院了，他希望能够在南方也有一个集教学、医疗和研究（于一体的）高水平的医学院。所以，他实际上在中华人民共和国成立以后，全部的精力都用在了做这一项工作上。

当时，广州有三所医学院——岭南大学医学院、中山大学医学院和光华医学院。不久，中华人民共和国政府开始对大学进行院系调整，周寿恺积极地与时任中山大学医学院院长柯麟商讨学院合并事宜，1953年，岭南、中山两所大学的医学院合并成立华南医学院。1年后，光华医学院也参与进来。

周萼：他说我要改革医学教育，一定要让我的学生不是庸医。他说庸医特别可恶，莫名其妙因为医疗杀死了很多人，他说更可恶的就是庸医的老师，而我们现在是医学院的教师，他自己不能这么做，而且要求他的学生、他的同事，都不能这么做。

周寿恺总结了原岭南医学院的优秀教学传统，在新的平台上推广延续。

肖官惠（中山大学第一附属医院原院长）：一个就是推行住院医生24小时负责制，这个应该说是协和医学院的做法，原来中大是没有这样一个系统的24小时负责制的。

周寿恺还认为，争取疑难病例死亡后尸检和组织病例讨论是促进临床诊疗水平提高的关键。因此，在院内推行临床病理讨论会制度，成为广东卫生医疗系统的标志性活动。

肖官惠：临床病理讨论会，就说这个病例发病情况如何，临床上它可以有些什么特征，对所有临床医生来讲都是一个很好的学习和提高的机会。1个月1次，都是在星期六下午的时间来举行。广州市别的大医院还没有这样一个活动，所以广州市里面几个大医院的医生，都来参加我们这个临床病理讨论会。包括佛山、中山、江门这几个地方，经常这些医生特别赶来参加这个临床病理讨论会。

1956年，华南医学院更名为中山医学院，周寿恺出任副院长，主管教学。

周萼：他管教学不是坐在办公室里管的，他是每天都到所有的课堂里、实验室，而且都是突然袭击，坐进去就听，这样子他来了解医疗教育里面有什么问题。而且他所有的教具，当时没有什么录像，电视都没有，全部他用自己的手画，画很大的内分泌系统，让同学有一个非常直观的东西来吸收。

邝健全（周寿恺学生、中山大学附属第二医院原院长）：上课他上，查房他查。我实习内科是在第一医院，他带我们查房，一查就是一个上午。我记得这个病人60岁左右，女的，她的右上腹包块疼，我诊断是肝癌，他就围绕这个包块问了很多遍，最后连畜牧地区的包囊虫都要回答。他进行的这个询问、启发的过程，我觉得他是培养我们一个临床的思维，要我们对病人的诊断不要轻易地一下子就肯定是什么。

"我想在中国的土地上办另一个协和，中国人自己的协和。"

从南迁到在"文革"中不幸离世，周寿恺在广州20年中的每一天，无不在为了这一理想奋斗。

20世纪60年代中期，"文革"开始前，国家卫生部要求各主要医学院向北京协和医学院派遣实习生，以观察各地医疗卫生人才培养的水平。中山医学院推荐的实习生在北京获得了极高的评价，中山医学院也发展为学界认可的全国重点医学院校。

周任："文化大革命"的时候他在劳改，我回来看他，那时候就在中山医，他在扫地，他主动跟我说的，他没后悔回来。

周萼：他说我遗憾的是，他们不许我把整个教育过程中，我医疗教育实践里面的很多经验，留下来给后人，使后人能够在医疗上给他们铺平道路。

"文革"爆发——

抗战14年，周寿恺用自己的方式坚守战争前线，践行救死扶伤的医者誓言。但也正是这段经历，成为后来十年"文革"笼罩在周家挥之不去的阴影。

周萼：（说）我父亲在图云关的历史那就是"国民党反动军医"，这是我们三个姐妹里的家庭包袱，就是什么时候都说你父亲是"反动军医"。

1970年，周寿恺因病得不到及时救治，带着对医学事业未竟的遗憾离开了人世。

直到 1978 年 12 月，周寿恺错案平反。

2015 年 9 月，在中国人民抗日战争胜利纪念日之前，中山大学统战部副部长杨云将一枚"中国人民抗日战争胜利 70 周年纪念章"送到了周寿恺长子周任的手上。这是对周寿恺的礼赞，也是对他积极投身战后救护工作经历的最佳铭记。

"欧风美丽莫侵凌，多士即干城。天下之乱，责岂匹夫轻？"

……

"好把读书来救国，当勿忘民族民权民生。"

……

厦门百年同文书院老校长周殿薰，在所作校歌歌词中鼓励学生们为救国而读书。周寿恺谨遵父训，一生践行医者之心，无论战乱、和平、漂泊、安定，始终选择站在大时代的第一线，博施济众，为国为民。

少年周寿恺

周寿恺身穿军医装

1957年11月5日，周寿恺（左三）等陪同苏联驻广州领事鄂洛夫参观学院图书馆"苏联著作室"

1959年9月1日，周寿恺副院长（前左二）接待匈牙利内科专家、放射学专家

1960年年初,周寿恺率医疗队下乡到花县为农民治病

1965年,阿富汗医学代表团来学院寄生虫学教研组交流,周寿恺副院长(中)等接待

华南医学院建校委员会成立纪念照
前排：柯麟（左一）、周寿恺（左五）

周寿恺副院长等与越南卫生部副部长阮德胜等合影

附录一 主要忆述者

梁伯强篇

梁基金——梁伯强侄子
凌启波——中山大学中山医学院病理科主任技师
陈灼怀——深圳市人民医院病理科原主任
王连唐——中山大学中山医学院病理教研室原主任
华书彬——乐昌市档案局副局长
沈　扬——乐昌市档案馆《乐昌县志》主编
钟世镇——中国工程院院士
姚开泰——中国科学院院士
谭坚诺、郭振中——石脚庙村民

林树模篇

潘敬运——原中山医科大学基础医学院副院长
林舜英——林树模的幺女
陈培熹——原中山医科大学生理学教研室主任
林传骝——林树模三子
陈助华——原中山医科大学生理学教研室教授

陈耀真篇

陈之昭——陈耀真三女，美国国立眼科研究所免疫病理室原主任
高汝龙——陈耀真学生，中山大学中山眼科中心眼底病科原主任
葛　坚——中山大学眼科中心原主任
陈又昭——陈耀真次女，中山大学中山眼科中心副教授
吴乐正——陈耀真次女婿，原中山医学院中山眼科中心副主任，眼科研究所所长

谢志光篇

肖官惠——谢志光学生，中山大学第一附属医院原院长
谢超仁——谢志光长子
谢玉成——谢志光故居倡导人
管忠震——原中山医科大学肿瘤防治中心院长
张承惠——谢志光学生，中山大学孙逸仙纪念医院放射科教授
王尚德——原中山医科大学肿瘤防治中心护理部主任
李国辉——谢志光学生，中山大学肿瘤防治中心肝胆科教授
张　峰——中山大学肿瘤防治中心鼻咽科教授
陈庆平——谢志光次媳

钟世藩篇

钟南山——钟世藩之子
钟黔君——钟世藩之女
陈皆平——钟世藩学生，原中山医科大学附属第一医院儿科主任
吴梓梁——钟世藩学生，原广州医学院第一附属医院儿科主任
李宝健——李廷安之子，原中国国家高科技专家委员会委员
苏蔼联——钟世藩学生，暨南大学华侨医院原儿科主任

秦光煜篇

王连唐——中山大学中山医学院病理教研室原主任
陈妙崧——广东省泗安医院麻风康复者
黄少宽——广东省泗安医院麻风康复者
彭海堤——广东省泗安医院麻风康复者
刘子君——秦光煜学生，原广东省麻风病防治领导小组基础研究组成员
许德清——秦光煜学生，原广东省麻风病防治领导小组临床研究组成员
周慕珩——秦光煜学生，中山大学第一附属医院病理教研室原主任
安　叔——东莞市石碣镇单屋村村民

陈心陶篇

李桂云——陈心陶学生，原中山医科大学基础学院院长
詹希美——原中山医科大学寄生虫学教研室主任
陈思轩——陈心陶之子，加拿大西部大学物理系电子实验室原主任
黎家灿——陈心陶学生，原中山医科大学寄生虫学教授
许国煌——原三水血防站医生
黄士龙——原三水血防站医生

周寿恺篇

周　任——周寿恺儿子
周　萼——周寿恺大女儿
杨永楦——周寿恺学生杨锡寿之女，贵阳市政协原副主席
肖官惠——中山大学第一附属医院原院长
邝健全——周寿恺学生、中山大学附属第二医院原院长

附录二　受八大教授重大影响的医学学科

学科是高校发展之基石。高校的重点学科,是大学最重要的办学指标与发展基础,反映了一所大学的实力与水平,体现了高等院校的特色与优势。一所大学的医科或一间医科高等院校的重点学科建设,带动医科学科整体实力的发展,推进医学整体水平的提高,从而为培养高质量的医学专业人才,创造高层次的创新性研究成果,提供高水平的医疗保健服务,夯实坚固的基础。重点学科建设是医学院校或大学医科建设的核心,也是衡量一所大学医科或一间医科高等院校发展水平的重要标志。大学医科或医科高等院校的特色与优势,亦是透过学科,尤其是重点学科显现出来。高校重点学科的奠定与发展,一定程度上要依靠重点学科队伍中领军者所发挥的作用。

在20世纪50年代汇聚于三院合并后的医学院的"八大教授",对所在学校的学科的创立与发展,起到至为关键的作用,进而对学校医科特色与优势的形成产生了重大影响。"八大教授"皆为中国某一医学学科的奠基人或领军者,他们风云际会于云山珠水间,率各自统领的学科登上当时中国医学之巅峰。他们在引领发展其学科的过程中,促使学校形成国内顶尖的强大医学科研实力;使学校医疗单位具备了全国一流称誉港澳闻名海外的医疗水平;在各学科的教学上,按严格的要求、严肃的态度、严密的方法,对学生进行基础理论、基本知识、基本技能的训练,重视提高学生的智能、自学能力、动手能力、创造能力和外语水平,锻造出国内广受称誉海外得到好评的学风。

八大教授创立发展起来的学校的学科,薪火相传,辉耀至今。透过建设这些重点学科形成的办学传风,代代延续,传扬不绝。

在此,简介曾受八大教授重大影响的医学学科。

病　理　学

疾病是一个极其复杂的过程。在病原因子和机体反应功能的相互作用下,患病机体有关部分的形态结构、代谢和功能都会发生种种改变,这是研究和认识疾病的重要依据。病理学(pathology)是运用各种方法研究疾病的原因(病因学,

etiology)、在病因作用下疾病发生发展的过程（发病学，pathogenesis）以及机体在疾病过程中的功能、代谢和形态结构的改变（病变，pathological changes），阐明其本质，从而为认识和掌握疾病发生发展的规律，为防治疾病提供必要的理论基础。各个器官虽然在功能和结构上互不相同，但在各种致病因子的影响下，不同器官却可呈现同样的基本反应和结构改变，这就是病理学总论的研究对象和内容。各种疾病又各有自身的病因、发病机制、好发部位及其形态学改变和相应的临床表现。病理学各论就是阐明各种疾病的病因、病变及其发生发展的特殊规律，研究其与临床表现的关系及其对疾病防治的意义。

病理学是从古希腊的 Hippocrates 开始，经过 2000 多年的发展，直到 18 世纪中叶，意大利医学家 Morgagni（1682—1771）根据积累的尸检材料创立了器官病理学（organ pathology），标志着病理形态的开端。19 世纪中叶，德国病理学家 Virchow（1821—1902）借助显微镜，首创了细胞病理学（celluar pathology）。这不仅对病理学而且对整个医学的发展做出了具有历史意义的、划时代的贡献，直到今天，还继续影响着现代医学的理论和实践。

病理学发展到今天，新技术在病理学领域得到广泛应用，免疫组化技术在确定肿瘤起源、判断预后、预测治疗反应等方面正发挥着不可替代的重要作用。免疫组化与流式细胞技术、激光共聚焦显微镜技术以及原位分子杂交等技术相结合，使病理技术在标准化、规范化、自动化、定量化等方面日趋完善。细胞遗传学分析技术已被用于研究肿瘤细胞中的染色体结构和数目异常。显色原位杂交（CISH）技术和荧光原位杂交（FISH）技术则已广泛应用于病理诊断。基因组学、转录组学、蛋白组学技术将分子改变的信息与病理形态学密切结合可提供不同病理状态下更详细的分子谱，在病理形态基础上观察疾病过程中分子表达的变化，由此逐步形成了病理分子组学技术。在肿瘤的病理诊断与临床应用方面，分子病理学已涉及肿瘤的早期诊断、预后判断及个体化分子靶点检测等多个方面。

秦汉时期的《黄帝内经》、隋代巢元方等的《诸病源候论》和南宋时期宋慈的《洗冤集录》等专著，对病理学的发展做出了贡献。

半个多世纪以来，我国现代病理学先驱徐育明、胡正详、梁伯强、谷镜汧、侯宝璋、林振纲、秦光煜、江晴芬、李佩琳、吴在东、杨述祖、杨简和刘永等为我国病理学教学、师资培养以及病理学的发展，呕心沥血，艰辛创业，功绩卓著。在他们的主持和参与下，我国从无到有地编著了自己的具有我国特色的病理学教科书和参考书。

中山大学病理学科对中国病理学的奠定与发展有卓著贡献。中山大学中山医学院病理学教研室，是集教学、病理诊断和科研为一体的一个重要科室。教研室早年在著名病理学家梁伯强和秦光煜教授领导下，建立了一个技术力量雄厚、学术气氛浓郁的学科点，培养了一批国内外知名的病理学家、国内许多单位的学术带头人和业务骨干，教学科研成绩显著，在国内外享有较高声誉。

1932年，梁伯强被广州国立中山大学医学院聘为教授兼病理学研究所主任，就以病理学研究所为基地，积极从事教学和科学研究，几年的时间就把病理学研究所建设成为在国内有一定影响、学术气氛浓厚的学术单位。梁伯强教授是我国现代病理学先驱、国际知名病理学家，他首创了完整切出鼻咽部的尸解操作方法，主要研究成果有《鼻咽癌的组织类型、生物学特点和组织发生学的研究》《原发性肿瘤的病理形态学、病因学在我国发病率的研究》等。他曾主编全国高等医学院校教材《病理解剖学总论》和《病理解剖学各论》。我国的《自然科学年鉴》特别表彰了他在我国病理学研究上的功绩。他在病理学研究方面的成就，奠定了中山大学病理学科在中国病理学科的前列地位。

秦光煜教授对麻风病进行了开拓性的研究。1962年，他首次在心肌、肝、脾、骨髓、神经组织、睾丸和内脏淋巴结等器官发现界线类麻风内脏病变，这一发现极大地丰富了人们对麻风病本质的认识，被国际麻风学界誉为"创造性工作"。1964年他发表了《网织细胞增生症或不白血性网织内皮细胞增生性疾病的本质》一文，提高了我国病理学界和临床医生对疾病本质的认识、诊断水平和治疗效果。此外，秦教授在寄生虫病、疟疾、脑病病理和脑肿瘤病理等研究上亦颇有建树，大大地丰富了我国病理学的内容。他在病理学上的成就，巩固了中山大学病理学科在中国病理学科的前列地位。

中山大学病理教研室利用前辈打下的良好基础，继承发扬优良传统，勇于创新，致力于学科建设。教研室师资力量雄厚，教学科研设备齐全、先进，各专家教授教学经验丰富，中青年教师虚心向教授们请教学习，不断改进教学方法和手段，提高教学质量。历年的教学调查和评估，师生对该课程教学效果有较高的评价。1992年，被评为学校重点课程；1998年，被评为省重点课程。在病理诊断方面，病理诊断中心本着病人第一的服务宗旨，各教职员工尽职尽责，一丝不苟，密切联系临床。遇到疑难病例，教授们一起讨论，虚心学习，不断提高诊断水平，得到病理界同行们的一致称赞。在对外合作与交流上，教研室充分利用国内外的校友关系，积极拓展联系范围，与美国斯坦福大学、加州大学、西澳大学和中国香港中文大学等联系密切，注重人员流动与学术交流，利用Internet获取最新医学及科研信息。教研室目前的研究领域主要集中在探讨肿瘤的病因，癌前病变的分子机制、肿瘤发生、发展过程中的分子机制及其形态学改变等方面。该教研室是博士研究生、硕士研究生培养单位，是博士后和CMB国内访问学者培养点。

生　理　学

生理学（physiology）是生物科学的分支，乃研究生物及其各组成部分的正常功能活动规律的一门科学。它研究生物机体的生命活动现象，包括器官和细胞的正常活动过程、机制及规律；构成机体的各器官和系统的功能，包括细胞、器官、系统之间的相互联系与相互作用。这是一门实验性科学，其所有知识都来自临床实践和实验研究。

以实验为特征的近代生理学始于17世纪，并在19世纪开始进入全盛时期。20世纪前半期，生理学研究在各个领域取得了更加丰硕的成果，包括提出著名的条件反射概念和稳态概念。

今天的生理学，包括细胞信号转导，细胞膜离子通道与膜片钳，心肌肥大信号转导通路，心肌细胞的生长、死亡与再生，血管内皮细胞功能与动脉粥样硬化等的新研究进展，气道上皮功能的研究进展与临床，气道平滑肌生理及在支气管哮喘发病中的作用，肺表面活性物质的研究进展与临床，生长因子与肺、消化系统的研究进展，体温调节与发热，肾内分泌与疾病，神经系统研究进展及其相关疾病，神经元信息传导与临床，神经递质的研究进展与临床疾病，脑缺血损伤的分子机制研究进展，疼痛生理研究进展等。

中国近代生理学的研究自20世纪20年代开始发展。1926年，在生理学家林可胜的倡议下，成立了中国生理学会，翌年创刊《中国生理学杂志》，中华人民共和国成立后，改称《生理学报》。中国生理学家在该刊物上发表了不少很有价值的研究论文，受到国际同行的重视。为我国近代生理学发展做出卓越贡献并有深远影响的学人有林可胜、杨雄里、朱壬葆等。

中山大学的医学生理学科的发展，对中国的医学生理学的发展有着重大影响。中山大学生理学教研室成立于1953年，当时由著名生理学家、国家一级教授林树模任主任。先后有一批大师级教授，如陈培熹、侯慧存、卢光启、詹澄扬、潘敬运等在教研室工作。

20世纪五六十年代，林树模教授在生理学教学中采用深入浅出、纵横联系的教学方法。例如讲授"水电解质平衡"这一内容时，他把水电解质的摄入、泌尿系统、呼吸系统、血液循环等有关理论有机地联系起来，使学生能够透彻地理解正常人体是如何通过各种器官系统的共同作用维持水电解质平衡的,这样的讲课颇受学生的欢迎。生理学是实验性学科,实验课是重要环节。在实验课教学中,林树模教授要求学生多动手、勤思考。他要学生自己按照实验指导完成每个实验,并根据实验结果进行分析讨论,得出结论,写出实验报告。实验报告须经教师签名认可,否则要重做。如果实验不及格,不准参加理论考试。这种按高标准严格要求学生和培养学生独立工作能力的做法,取得了良好效果。

林树模教授引领学校的生理学科水平在本省乃至国内达致举足轻重的高度,获得国内外学界认可。1955 年,他组织广东省生理科学工作者成立了中国生理科学会广东省分会,并历任分会的理事长,大大推动了广东省生理科学的发展。1980 年成立广东省生理学会,他当选为名誉理事长。

学校该学科自 1989 年以来,获国家级教学成果二等奖 3 项,省级教学成果奖 8 项,校级教学成果一等奖 11 项;1997 年以来,获得各种教学改革基金资助 34 项,发表教学论文 66 篇,主编国家级教材《生理学》3 部、参编教材 15 本。该教研室拥有心血管学、神经学、消化学、生物反馈学、分子生物学等设备先进实验室。自 2000 年,共获国家自然科学基金 4 项,其他省部基金 6 项,发表科研论文 81 篇。该课程是医科唯一的"双首批课程",即首批"广东省重点课程"和首批"广东省优秀课程",2002 年,被评为"中山大学精品课程",2003 年,被评为"广东省精品课程"。

寄生虫学

寄生虫学(parasitology)是研究寄生虫病病原(寄生虫)的生物学、生态学、致病机制、实验诊断、流行规律和防治的科学。从寄生虫进入人体或动物,建立寄生关系,发展为寄生虫病的流行,以及从寄生虫病流行的压缩、控制到终止流行和长期巩固,都是寄生虫学必须用理论和从理论到实际加以阐明的领域。

中国寄生虫学大约起始于 1870 年,如 1878 年 Manson 在中国福建、台湾等地开展了丝虫病调查,在厦门发现班氏吴策线虫中间宿主和传播媒介。1910 年,Maxwell 出版的《中国的疾病》一书描述了中国的寄生虫病情况。1905 年 Logan 在湖南常德县的 1 例腹泻患者的粪便中检出日本血吸虫卵。1922 年,美国 Faust 和 Meleney 等一批外国学者在中国南方调查血吸虫病、华支睾吸虫病、姜片虫病、钩虫病及一些原虫病。1942 年,Asada 在东北地区 3 种蜊蛄查出并殖吸虫囊蚴。中国寄生虫学工作者自 1921 年后开始从事这方面工作。20 世纪 20 年代,中国研究者在湖北、湖南、江苏、浙江、福建、四川、广西、云南、广东等地开展了日本血吸虫病流行的小规模调查。陈方之、甘怀杰、姚永政、李赋京等对钉螺的地理分布、感染率、感染强度以及生态习性进行了观察，并开展灭螺试验。1927 年，陈方之根据留学日本期间的工作经验，发表了题为《血蛭病全部之略说》《血蛭病之脾肿》等文章，用肉眼及镜检详细观察了家兔感染日本血吸虫之后的病理变化。1880 年，Manson 在厦门一福州籍患者痰中查见并殖吸虫卵。1930 年，最终确定中国存在并殖吸虫病。1934 年，吴光、屈荫杰等在浙江绍兴蟹体内发现并殖吸虫囊蚴。1934 年，陈方之与李赋京发表论文肯定了钉螺分布与血吸虫病分布的一致性以及钉螺分布与水系分布的关系。1940 年，唐仲璋在福建发现两种并殖吸虫，一种定名为林氏并殖吸虫，另一种为感染啮齿动物之并殖吸虫，并分别在螺及蟹体内发现相应的幼虫。1925 年，洪式闾在汉堡热带病研究所研修时，将司徒氏钩虫卵计算法加以改良为现在世界上通用的"洪氏钩虫卵计数法"。1938—1945 年，洪式闾在重庆现场调查研究发现十二指肠钩虫和美洲钩虫在当地混合感染严重，并开展了防治工作。

陈心陶为中国寄生虫学的奠定与发展做出了卓越贡献。1940 年，陈心陶在广州怡乐村发现一新种，命名为怡乐村并殖吸虫。1933 年，陈心陶在广州的家鼠肺部发现广州管圆线虫（Angiostrongylus cantonensis），并命名了该新种。

1934 年，中国动物学会成立，下设寄生虫学分会。

早期，我国的医学院校虽均开设寄生虫学课程，但在最初多设在病理学或微生物学课程中讲授，如陈心陶教授在岭南大学任代校长期间，兼寄生虫学及细菌学教授。唯条件较好的院校，如北京协和医学院在成立时就设立了独立的寄生虫学研究室。国家于 1935 年公布的大学医学院及医科暂行课目表，寄生虫学课程为 96 学时。当时没有医学寄生虫学专门教材。中国第一所寄生虫研究机构是 1928 年 8 月由洪式闾在杭州创办的热带病研究所。1932 年，国民政府在卫生署下设中央卫生设施实验处，并设有寄生虫学系。实验处开展了对疟疾、血吸虫病、利什曼病等寄生虫病的调查与防治，并成立各级相应机构，如黑热病防治处、云南省疟疾研究所、江西卫生实验所。

中华人民共和国成立前，没有寄生虫学专业刊物，当时的研究成果及调查报告分别刊登在其他各类期刊上。19 世纪末至 20 世纪初，官方出版机构未曾刊印过有关寄生虫学专业书籍，有关著述多由商务印书馆等几家民营出版企业印制出版。1916 年，中华医学会在上海召开第一届大会期间，曾展出《寄生虫病流行》。民国年间，上海商务印书馆等先后出版了与寄生虫学有关的图书：姚昶绪著《寄生虫病》、顾寿白著《寄生虫（丛书）》、祖照基著《粪便之检查法》；北平中华医学杂志社出版过许雨阶著《中国疟疾问题》、冯兰洲著《厦门之疟疾及其传染之研究》、李涛著《中国疟疾考》、洪式闾著《杭州之疟疾》、陈耀真著《人体寄生虫》、姚永政著《瘴气病之研究其一：贵州及广西边界瘴气病之真相》、王福益和李辉汉撰《实用人体寄生虫学》等。

经过近半个世纪的努力，中国寄生虫学获得了发展与提高，已在寄生虫种类与分布、寄生虫生物学、寄生虫病流行病学等方面取得了重大进展，包括查清了全国寄生虫区系分布及分类，发现了一大批世界新虫种和新属，还建立了许多寄生虫病的诊断技术，药物试验研究，研创了许多高效低毒驱寄生虫药物，另制定了许多行之有效的综合防治举措，从而促进了中国寄生虫病的预防与控制工作。近20年，寄生虫学科已渗透了其他相关学科，包括免疫学、分子生物学、生物化学、细胞工程、地理学、高等数学、信息与计算机科学等学科，从而创建了一系列寄生虫病免疫诊断技术，阐明了一些重要寄生虫致病机制，研制出一些可预防寄生虫感染的疫苗或候选疫苗，开展了寄生虫的基因组学研究，应用地理信息系统及遥感技术进行寄生虫病的预警研究，有利于提高寄生虫病的防治水平。

对中国寄生虫学的奠定与发展做出卓越贡献有深远影响的学者有 Patrick Manson、陈心陶、金大雄、姚永政等。

中山大学在寄生虫学的研究上，对中国寄生虫学的奠基与发展有重大贡献。中山大学的寄生虫学科于1935年由中国人体寄生虫学奠基人之一、著名人体寄生虫学家、国家一级教授陈心陶和微生物学家白施恩（白氏培养基发明人）创建。经过70多年的发展，已成为我国南方重要的病原生物学教学科研中心与病原诊断技术产业化基地，是我国人体寄生虫学、医学微生物学首批博士、硕士学位授权单位，是广东省寄生虫学会挂靠单位、是中华预防医学系列刊物《热带医学杂志》主编单位。"人体寄生虫学"曾于1987年被评为国家重点学科。以本学科为依托，学校于1996年获广东省卫生厅批准建立广东省"五个一工程"分子原虫学重点实验室、1997年被批准为"卫生部医药生物工程技术研究中心"、2003年被批准为"热带病防治研究"教育部重点实验室，2004年"人体寄生虫学"被评为国家级精品课程，2008年"病原生物学"入选国家级双语教学示范课程，目前是广东省人体寄生虫学会和免疫学会理事长单位。

陈心陶教授对恙虫病做了卓有成效的研究，总结出恙虫病流行的几种可测性，并提出预防措施，对1952—1957年广州市恙虫病的流行起了有效的控制作用。陈心陶教授的另一重要成果是对血吸虫病的研究。他坚持从我国实际和我国人民的实践出发，深入血防前线，通过现场考察，摸清了广东血吸虫病人的数目，确定了疫区的范围，对血吸虫的传播媒介钉螺的生态学进行了深入研究，掌握了华南地区钉螺的分布、生长周期、活动情况等生态规律，以及与血吸虫病的关系，针对华南地区的特点提出一整套的从控制到消灭血吸虫病流行的战略规划和具体措施。这一措施的贯彻，使广东省防治血吸虫病在1955年就大见成效，成为全国最早消灭血吸虫病的省份之一。这一成果，受到了许多国家的专家所称赞。陈心陶教授为我国血吸虫病防治做出过重要贡献。因其在血吸虫防治方面做出杰出贡献，曾先后3次受到毛主席的接见。他在寄生虫病的研究方面发表论文130多篇，发表恙虫病的研究论文60多篇。他的代表作《医学寄生虫学》被评为我国1978年全国科学大学科研著作成果一等奖。他还被选为《中国动物志》编委会副主编、《中国吸虫志》主编。陈心陶教授在寄生虫学上的成就，奠定与确立了中山大学寄生虫学在中国寄生虫学科上的前列地位。

经过多年建设，中山大学这一学科已成为我国人体寄生虫学人才培养、科学研究以及寄生虫病防治技术研发的重要基地，具有一定的国际影响力。近年来，该学科紧密结合我国热带病防治重大战略需求，以病原生物学应用基础研究为主，同时结合国际前沿，积极开展先导性基础研究。经过多年建设，已逐步形成了"分子病原学与流行规律""致病机制与治疗新靶点""免疫机制与疫苗"和"分子诊断与病原溯源"等四个主要研究方向。依托本学科的热带病重点教育部实验室于2010年评估获得"优秀"。该学科自2005年以来，承担科研经费大幅上升，项目总经费超过2亿元。实验室承担重大项目能力显著提高，包括国家传染病重大专项课题2项、国家973首席项目1项、广东省创先科研团队专项1项；在 *New Engl J Med*、*Lancet Infect Dis*、*J Clin Invest*、*J Exp Med*、*Blood*、*Immunol Rev*、*PNAS* 等杂志上发表SCI收录论文200多篇。

中山大学的寄生虫学教研室由我国著名寄生虫学家陈心陶教授在1935年创建。寄生虫教研室历届主任为陈心陶、徐秉锟、余炳帧、李桂云、刘启文、余新炳和詹希美，徐秉锟曾任中山医科大学副校长，李桂云曾任基础医学院院长，余新炳曾任基础医学院副院长和医学科研处副处长，詹希美为国家级教学名师。现任主任为吴忠道。教师中，有"973"首席科学家余新炳、"973"课题负责人和广东省教学名师吴忠道、美国NIH基金获得者吕芳丽，以及中山大学"百人计划"引进人才李学荣等。多位教授还担任国家级专业学术委员会副理事长、国家卫计委疾病预防控制专家委员会血吸虫病与寄生虫病防治分委会副主任、中国预防医学会寄生虫病专业委员会副主任委员、广东省重大传染病应急技术研究中心主任、广东省寄生虫学会理事长等学术职务。此外，还主编学术期刊《热带医学杂志》。

儿 科 学

儿科学（paediatrics）是研究胎儿至青少年时期小儿发育、保健及疾病防治的临床医学学科。儿童是一个处于不断生长发育的机体。从基础医学层面来说：解剖，儿童身体各部分比例，器官大小和位置等随年龄增长而改变；生理生化，各系统、器官的功能随年龄增长而成熟；免疫功能较年长儿和成人差，易被感染，故预防重要；病理，对同一致病因素的反应随年龄而不同。从临床医学层面来说：儿童病种有特异性，与成人不同。各年龄组临床表现也有特殊性。变化快，表达差，定位不明确。因此，儿童治疗讲究全面性，护理和支持疗法不可忽视，药物需按体重计算。

《黄帝内经》对儿科疾病已有记述。在《史记》中扁鹊在秦国医小儿病是中国最早的小儿科。长沙马王堆3号汉墓出土的帛书医方中也发现当时已有婴儿索痉、婴儿病痫等记载。唐代孙思邈著《备急千金要方》已按病症分类记述小儿疾病。唐代开始在太医署内设少小科，与内、外、五官科并列。

19世纪后期，随着医学科学的发展，医疗服务日益向专科化方向发展。为了同这一趋势保持同步，医学院校中的课程设置也开始分化。在美国，儿科学作为一个独立的专业开始于19世纪末和20世纪初。

今天的儿科学，新的诊断技术的涌现，如代谢组学的应用及分子影像学；治疗层面包括儿童微创及介入诊疗、干细胞移植；新领域的涉足，如遗传儿科学、内镜治疗、儿童危重病救治等。

对现代中国儿科学的发展做出卓越贡献有深远影响的学人中有钱乙、张金哲、钟世藩等。

中山大学儿科学有深厚根基，对中国儿科学的发展及医疗保健事业有着重大贡献。如中山大学附属第一医院儿科学教研室由我国著名儿科前辈钟世藩教授所创建。1953年广东省院系调整，钟世藩教授创建了"儿科学"课程。中山大学附属第一医院儿科是广东省内建立最早、广东省各大综合医院儿科中实力最雄厚、床位数最多、专科设置最全面的儿科；是校内、省内甚至国内较有影响的教学和科研单位；是全国硕士和博士学位授权点、广东省重点学科、卫生部儿科专科医师培训和进修基地。中山大学附属第一医院的"儿科学"课程是中山大学精品课程。

中山大学附属第一医院的儿科，在我国著名老一辈儿科学家钟世藩、杨子庄、梁烺皓、官希吉、胡富济、沈皆平和陈述枚等教授的带领下，从二级医学学科建制开始，经几代人的努力，逐步建立和发展了三级学科。目前，已成为以 4 个重点专业（内分泌遗传代谢、肾脏、新生儿和血液）为学科发展龙头，并有呼吸、消化、神经、儿童保健等专业的综合大科。内分泌遗传代谢病、肾脏病、新生儿和血液病专业的整体学术水平在省内和国内儿科界均具较高的学术影响和地位，形成了一支包括杜敏联、庄思齐、罗学群和蒋小云等新一代学科带头人为主的高水平的教师队伍，成为高教学质量的重要依托。

该学科教学资源丰富，有 2 个院区，5 个病区，2 个门诊部，140 张床位，月平均住院人数 320 人，门诊近 1.4 万人次；并有中山医学院幼儿园，广东省儿童福利院和校外直属和非直属教学实践基地 31 处（深圳、佛山、中山、江门等市级人民医院），病种齐全，能充分满足教学需要。历年承担的教学任务占中山大学全校医科的，以医学本科为主的各层次教学任务 1/2 以上，包括 5 年制、7 年制、8 年制本科，营养、放射、视光学等专科及成人大学等系的理论课讲授，同时承担了其见、实习，进修生带教；硕士和博士研究生培养等教学任务。各层次医本科理论课均为 42 学时，临床见习 3 周，实习 6 周。各教学环节的实施均有严格的教学制度以保证教学质量，如集体备课制度、教学督导质控制度、实习医师导师制等。

历年来，在我国著名儿科学家钟世藩、梁烺皓、官希吉、胡富济、沈皆平等带领下，全体教师传承和发扬了钟教授的优良教学传统，以严谨的学风和严格认真的治学态度，不断改进教学方法。随着医学教育的发展和教学改革的深化，教研室近年将教学改革的指导思想立足于"面向 21 世纪，加强学生素质培养"以及与"全球医学教学本科医学教学的国际标准"提出的医本科毕业生质量国际评估标准要求接轨。学科带头人、教研室继承"三基三严"的基本教学指导思想，紧跟国际儿科临床和基础学科发展多元化的趋势以及顺应中国独生子女政策的国情，以全面的素质培养为目标，带领全科教师进行教改，逐步形成了以"三个结合"和"两个切入点"为主导的、在我国儿科学教学中的特色比较鲜明、可供借鉴和推广的本科教学模式。这种模式已培养出了一大批有良好儿科基础、临床思维能力和临床实践能力强的人文医师。在国内同行中获得广泛好评，并产生良好的影响和发挥积极的辐射作用。

20 世纪 50 年代，钟世藩在学院领导的支持下创办了中山医学院儿科病毒实验室，这不但是广东省而且也是全国最早创办的临床病毒实验室之一。他的实验证实了直接接种乙型脑炎病毒于小白鼠胎鼠，病毒能得到很好的繁殖，认为小白鼠是有可能作为分离病毒的动物。此外，在他的支持鼓励下，中山医学院儿科从

1950年就开展进行新生儿的尸体解剖,一直持续至今,已积累了相当丰富的资料,对新生儿学科的发展起到了很大的促进作用。

内 科 学

内科学(internal medicine)是对医学科学发展产生重要影响的临床医学学科,在临床医学中占有极其重要的位置。它是一门涉及面广和整体性强的学科。它是临床医学各科的基础学科,所阐述的内容在临床医学的理论和实践中有其普遍意义,是学习和掌握其他临床学科的重要基础。它涉及面广,包括呼吸、循环、消化、泌尿、造血系统、内分泌及代谢、风湿等常见疾病以及理化因素所致的疾病。与外科学一起并称为临床医学的两大支柱学科,为临床各科从医者必须精读的专业。其任务是通过教学使学生掌握内科常见病、多发病的病因、发病机制、临床表现、诊断和防治的基本知识、基本理论和实践技能。

近代以前,中国内科学的发展主要以中医为主。大体经历了萌芽阶段、奠基阶段、充实阶段和成形阶段。

萌芽阶段——殷商时期,"疾医"可谓最早的内科医师。奠基阶段——春秋战国至秦汉时期的《黄帝内经》,记载了内科疾病的病因病机、病证、诊断和治疗原则,体现了整体概念和辨证论治。《伤寒杂病论》创立包括理、法、方、药在内的六经辨证论治理论体系和脏腑经络辨证论治理论体系。充实阶段——魏晋至金元时期病因学、症状学、治疗学得到充实和发展,如《肘后方》《诸病源候论》《备急千金要方》《外台秘要》,在学术理论上有所创新,中医内科学体系初步形成。成形阶段——明清时期《内科摘要》是第一部以"内科"命名的著作。

明末清初,来华的基督教传教士把西方的近代医学科学带进中国,首先是带到广东的澳门、广州等地。但是,西医临床治疗技术对中国影响不大。广州是鸦片战争前中国唯一对外开放的口岸,也是近代西方医学最早输入的城市。鸦片战争后,中国封闭的国门被打开,创建于战前1835年广州的博济医院有了迅猛的发展,使得包括内科学在内的西医临床治疗技术有了较大的发展。

中山大学内科学其源头可追溯到创立于鸦片战争前的博济医院,根基深厚。该校内科学的发展为我国现代内科学的奠基与发展乃至对中国近现代医学的发展有着不可替代的影响。该校内科学的发展凝集了历代前辈的心血。李士梅、邝贺龄、叶任高等老一辈专家、学者的辛勤耕耘,让内科拥有了丰富的历史积淀,培养了大批优秀骨干。一代又一代的内科人继往开来,让内科在医、教、研全方位发展,取得了一个又一个成果,培养了一批又一批人才。这一学科,在广东省各大综合医院内科中床位数、专业设置、师资队伍力量均处于领先地位，学科建制完整。肾内科和内分泌科为国家重点学科。收治病种齐全、疑难病例丰富，完全满足教学需要。

20 世纪 50 年代中期，内分泌学在我国还是一门新兴的学科。周寿恺和他的同事们在物质条件较困难、设备较简陋的情况下，创建了内分泌实验室，并迅速开展对糖尿病糖代谢、植物神经功能状态对糖代谢的影响、席汉氏病动物模型的制备等课题的研究。建立了对多种激素及其代谢产物的生物化学、生物测定方法，同时积极进行临床内分泌学的研究，提高了对内分泌疾病的诊疗水平。

内科教研室是全国首批硕士点、博士点授权单位、博士后流动站学科点。肾病实验室、心血管辅助循环实验室为卫生部重点实验室。科研技术平台完备，科研力量雄厚。学术带头人在省内和全国具有很强的学术影响力，担任多项中华医学会各专业或广东省分会的主任委员、副主任委员。

眼　科　学

眼科学（ophthalmology）是研究人类视觉器官疾病的发生、发展及其防治的专门学科。眼科学研究范围包括眼的生理、生化、药理、病理、免疫、遗传以及眼的各种特殊检查和眼显微手术技术，有着很强的专业特点，又与其他临床学科和基础医学学科有着广泛的联系。

我国早在殷武丁时代就有包括"疾目"的甲骨文卜辞，隋代的《诸病源候论》已有多种眼病记载，唐代受到印度佛教传入的《龙树眼论》的影响，出现了第一部眼科专著《龙木总论》，其后又有元明的《原机启微》、明清的《审视瑶函》《目经大成》等。

现代眼科学始于 19 世纪，从西方传入我国。1918 年，北京协和医学堂开始举办眼科讲座。1929 年，华西大学成立了我国第一所独立的眼科教学医院。中华医学会眼科学分会于 1937 年成立。中华人民共和国成立前我国无独立的眼科专业期刊。1950 年 10 月，《中华眼科杂志》创刊，成为较早的专业杂志之一。近 20 年来，由于大量引进新设备和新技术，我国眼科学的进步更快。在诊断、手术、治疗、基础研究等方面取得了丰硕的成果；同时，在眼科学方面也形成了一支强大的中青年科学研究队伍；促进我国眼科的基础理论研究、临床医疗技术和整体学术水平迅速提高，已接近或与国际水平同步发展。今天的我国眼科学长足前进，取得的新近成果有：谢立信等人的"真菌性角膜炎的创新理论及其技术应用"，王宁利等人发现眼颅内压力梯度增大是导致青光眼视神经损伤的主要原因，葛坚团队的"人类 Tenon 囊成纤维细胞诱导分化为诱导多潜能干细胞"的研究等。对中国现代眼科学的奠定与发展做出卓越贡献有深远影响的学人中有毕华德、陈耀真、毛文书、李绍珍等。

中山大学的眼科源远流长，其创立可追溯到创立于鸦片战争前的 1835 年广州的一间眼科医院——新豆栏医局（即眼科医局）。它开中国现代专科医院的先河，带动了中国眼科学乃至中国医学从传统走向现代。

由原中山大学医学院、岭南大学医学院、光华医学院的眼科合并而成的中山医学院眼科教研室，组建于 1953 年，第一任教研室主任为陈耀真教授。教研室从 20 世纪 50 年代起多次被评为先进教研室。随着眼科教研室的不断发展，人员开始逐渐增多，机构也越来越完善。1957 年，建立了独立的眼科病房和眼科手术室，病床数从 16 张增加至 70 张。1958 年，建立了眼科病理实验室。1959 年，建立了眼科生化实验室和视觉生理实验室。1964 年，眼科研究室成立。

1965 年，眼科教研室移至广州市先烈南路 54 号，正式建成眼科医院，创始人为著名眼科专家陈耀真教授和毛文书教授，其中，陈耀真教授担任第一任院长，毛文书教授担任第二任院长。当时的住院床位为 122 张。20 世纪 70 年代，病床数扩至 210 张。1982 年，在眼科研究室的基础上成立了眼科研究所。

自从 1953 年眼科教研室成立以来，教学工作一直是与医疗工作、科研工作和防盲治盲工作并列的重点工作之一。

陈耀真教授早在 1950 年就以极大的热情和干劲翻译了《梅氏眼科学》，将现代眼科学首次系统地介绍到中国，为培养现代眼科工作者打下了坚实的基础。陈耀真教授还把西方先进的医学教育模式引入中国，不但重视专业知识的传授，而且更加强调培养医务人员的求知欲、独立思考能力、探索精神和创造思维，鼓励年轻医生敢于质疑成见，大胆探索未知领域。1960 年，陈耀真教授负责主编了我国高等医药院校第一本眼科教材《眼科学》。陈耀真教授是我国现代眼科学奠基人之一。他曾以中、英、德、西班牙文先后在国内外发表论文近百篇，包括中国眼科史、眼科的基础理论研究以及各种眼病的临床研究。特别是他在中国眼科史的研究中，从甲骨文、古汉字、古代文物、典籍中寻找出大量有关资料，被人们称为眼科学的"活字典"。

陈耀真教授在眼科学上的成就，奠定与确立了中山大学眼科学在中国眼科学上的前列地位。

中山大学眼科视光学系成立于 1997 年 3 月，是我国第一个也是目前唯一的一个在重点高等医学院校建立的眼科视光学本科教育机构，为国内视光学的发展、培养视光学专业人才、建立规范的视光学专业教育体制发挥着重要的作用。

中山大学眼科视光学系在专业上依托中山眼科中心，利用其在眼科学、视光学教学、科研、临床及视光学相关产业商业经营的强大实力，为发展具有中国特色的眼科视光学教育提供了宝贵的资源和条件。中山眼科中心是目前世界上最具规模的20间眼科中心之一，在建设规模、医疗设备、人才梯队、医疗服务、学术水平，以及门诊量、住院人数、手术例数等方面都处于全国领先地位。

眼科视光学系在成立至今的14年中，在教学、临床、科研工作等方面都取得了长足的进步。在本科教学方面，我们结合国际先进经验，以培养具有扎实医学基础的眼科视光学医师为目标，采用4年临床医学课程加1年眼科视光学专业课程学习的精英教育模式，创办至今，共培养了10届200余名毕业生，历届毕业生的平均就业率达到98%，并已有多位毕业生赴美攻读视光学博士学位。

1965年10月，陈耀真教授、毛文书教授等创办了中山医学院眼科医院，这是第一间中国高等院校附属眼科医院。1983年6月，中山医学院中山眼科中心成立，下设眼科医院、眼科研究所、防盲治盲办公室，这是我国第一间集医疗、教学、科研、防盲治盲于一体的现代化多功能眼科中心。1985年，更名为中山医科大学中山眼科中心；1997年，中山医科大学眼科视光学系挂牌成立，中山眼科中心进一步发展成为所、院、办、系四位一体的眼科中心；2001年10月，随着中山大学与中山医科大学的强强合并，更名为中山大学中山眼科中心。历经50年的发展，中山眼科中心已经成为我国学科门类齐全、师资力量雄厚、医疗技术精湛、诊疗设备先进、科研实力强大、国内领先、国际知名的眼科中心，连续六年位列中国医院最佳专科声誉排行榜眼科第一，首届中国医院科技影响力排行榜第一。中山眼科中心是亚太眼科学会（APAO）永久总部所在地，我国唯一的眼科学国家重点实验室的依托单位。中山眼科中心下设的眼科医院是我国首家眼科三级甲等医院，连续6年蝉联39健康年度总评榜"全国最受欢迎眼科专科医院"。

医疗业务方面，建院以来各项医疗质量效率指标持续保持稳定增长。开放病床320张。2014年门诊量逾88万人次，出院病人4.1万多人次，手术量5万多例，平均住院日2.79天。中心眼科是国家临床重点专科，其中的角膜病专科、青光眼专科、白内障专科是广东省医学重点专科。中心在角膜病与眼表疾病、白内障、青光眼和视网膜玻璃体疾病的诊断和手术治疗、激光近视眼矫正手术、角膜形态学、葡萄膜视网膜炎发病机制系列研究等领域居国内领先地位，部分领域达到国际先进水平。

教育教学方面，中山眼科中心眼科学学科是我国首批国家重点学科，是我国最早的可招收眼科学硕士和博士研究生单位之一，是国家级继续医学教育基地和临床住院医师规范化培训基地，2008年成为全国专科医师准入试点工作的首批试点医院，且是唯一入选的眼科专科医院；有广东省精品课程1门。

科学研究方面，1982年成立了中山医学院眼科研究所，它是我国第一个设在高等医学院校的眼科研究所。1991年，成立了卫生部眼科学实验室。2006年，国家科技部正式发文批准建设眼科学国家重点实验室，中山眼科中心是目前国内唯一的眼科学国家重点实验室依托单位。

防盲治盲方面，早在20世纪50年代起，就派出医疗队深入基层农村开展查盲治盲工作。1983年，防盲治盲办公室成立后，发展到今天，已拥有强大的团队。

医学影像学（放射学）

医学影像学（medical imaging），是研究借助于某种介质（如X线、电磁场、超声波等）与人体相互作用，把人体内部组织器官结构、密度以影像方式表现出来，供诊断医师根据影像提供的信息进行判断，从而对人体健康状况进行评估的一门科学，包括医学成像系统和医学图像处理两方面相对独立的研究方向。医学成像又称卤化银成像，因为从前的菲林（胶卷）是用感光材料卤化银化学感光物成像的。放射诊断学是医学影像学的相关学科，是20世纪以来发展起来的一门新学科，放射诊断学使放射诊断与组织活检及临床治疗相结合，亦应用现代X线诊断手段，同时对某些疾病进行治疗和取得组织学、细菌学、和生理、生化等资料的一种学科。

放射诊断学研究的主要对象是X线诊断，放射诊断学是现代医学的重要研究领域。

1895年，德国的物理学家伦琴发现了X线，不久即被用于人体的疾病检查，并由此形成了放射诊断学。近30年来，CT、MRI、超声和核素显像设备在不断地改进和完善，检查技术和方法也在不断地创新，影像诊断已从单一依靠形态变化进行诊断发展成为集形态、功能、代谢改变为一体的综合诊断体系。与此同时，一些新的技术如心脏和脑的磁源成像和新的学科分支如分子影像学在不断涌现，影像诊断学的范畴仍在不断发展和扩大之中。

今天的放射学不断有新的成果。心血管CT临床应用和科研进展包括：冠状动脉CT精准化诊断及与功能学的结合、对冠心病事件及预后的评估、心脏CT成像的新技术应用。CMR临床应用和科研进展包括：评价心肌病变及心肌损伤、对治疗的预后评估、先天性心脏病的评价。

谢志光、荣独山、汪绍训为我国放射学的奠基人。从协和医学院出来的谢志光、荣独山、汪绍训3人又分别开拓了中山医、上医及北医的放射事业，其他高校的大部分放射奠基人又都是出自此3所高校的门下。谢、荣、汪3人共同创立了中华放射学会和《中华放射学杂志》，其中，谢志光任主任委员及主编。

中山大学的医学放射学对我国医学放射学发展有重大影响。

中山大学医科在近代中国首先引入了X线影像技术。1901年，中山大学医科的前身博济医院购置了我国第一台X光机。

谢志光教授为我国临床放射学奠基人之一，是我国第一个对人肠结核、长骨结核的X线表现提出全面系统描述的专家。他首创一种髋关节特殊照射位置，引起国内外学者的重视，被称为"谢氏位"。他首创白内障及角膜混浊病患者进行手术前，对中心盲点检查的先进技术。他对鼻咽癌的早期诊断和临床发展规律有深入的研究。

谢志光教授在放射学教学上，讲课生动活泼，富有启发性，使学生受益良多，不少已毕业多年的临床医生也乐意去听他的课。他教学有个"三部曲"，一是他做你看；二是你做他看；三是他放手让你做，做完后再检查纠正。

谢志光教授在放射学上的各方面所取得的成就，奠定与确立了中山大学医学放射学科在中国医学放射学科上的前列地位。

今天的中山大学的医学放射学科在国内有举足轻重的地位。

肿 瘤 医 学

肿瘤（tumour）是指机体在各种致瘤因子作用下，局部组织细胞增生所形成的新生物（new growth），因为这种新生物多呈占位性块状突起，也称赘生物（neoplasm）。肿瘤学是研究肿瘤的学科，主要是在显微镜应用后才逐渐形成，涉及生命科学的每一个分支以及其他自然科学和社会人文科学。临床肿瘤学作为肿瘤学的重要分支，是以人类肿瘤为研究对象，研究肿瘤的发生、发展及转归的本质与规律，揭示其临床特点，尤其是在此基础上探索肿瘤诊断、治疗和预后方法的综合性学科。

肿瘤学是当今时代迅猛发展的学科，内容日新月异，并与其他学科密切关联。

我国现代肿瘤防治事业有了长足进展。1931年，上海镭锭医院成立，这是我国最早的肿瘤专科医院，是复旦大学附属肿瘤医院的前身。1933年，北京协和医院成立肿瘤科,由 J. W. 斯皮斯(John. W. Spies)任科主任。1931 年,毕业于协和医学院的金显宅在协和医院任住院医师 3 年后,1934—1937 年,任肿瘤科主治医师。1937—1938 年,在美国纽约曼哈顿区纪念医院进修肿瘤病理。1938—1939 年,在美国芝加哥肿瘤研究所进修肿瘤临床。1939 年 3—9 月,在欧洲考察肿瘤诊治工作。1939 年 10 月至 1941 年 12 月,任协和医院肿瘤科主任,成为中国从事肿瘤专业研究的第一人。1952 年他在天津市肿瘤医院(原天津市人民医院)创立了中华人民共和国第一个肿瘤科,1963 年,创办了我国第一个肿瘤学杂志《中国肿瘤临床》并任主编。1985 年,他倡议建立我国第一个肿瘤学专业学会——中国抗癌协会。他被誉为"中国肿瘤医学之父"。始建于 1958 年的日坛医院是中华人民共和国成立以来第一个肿瘤专科医院,1963 年增设肿瘤研究所。1983 年,正式更名为中国医学科学院肿瘤医院肿瘤研究所,是亚洲地区最大的肿瘤防治研究中心。到 21 世纪之初,中华医院管理学会下属的肿瘤医院分会,已有 20 余所肿瘤专科医院,具有三甲规模的有 30 余所。各大综合医院还建有肿瘤科。尚有 10 余个肿瘤高发现场。中国抗癌协会及中华医学会肿瘤分会为专业学会组织,省市均有相应机构,其人员及专业范围涵盖了全国的肿瘤防治工作者,还有中国癌症研究基金会及其他民间组织积极参与了全国肿瘤防治工作。我国癌症的防治始于 20 世纪 50 年代后期;70 年代,基本查清了癌症的流行情况并建立了全国范围的防治网;80 年代,制定了"全国肿瘤防治规划纲要"(1986—2000 年);90 年代,进行了 1/10 抽样人口的死因回顾调查,并比较分析了 70 年代、90 年代癌症的变化趋势。根据卫生部疾病控制司的要求,董志伟于 2002 年提出"中国癌症控制策略研究报告",推动了 21 世纪全国癌症防治规划的制定与实施。2008 年 7 月,依托中国医学科学院肿瘤研究所的国家癌症中心,获国务院批准挂牌成立。2009 年,国务院决定,中央财政拨款 400 万元专项资金以支持癌症的研究普查。范围涉及 31 个省、市、自治区的 118 个县市,筛查人数为 50 余万。近年来,肿瘤的流行病学调查不断增多。目前,我国肿瘤学临床在许多方面已经接近或达到国际先进水平,国际上的新疗法、新手术我们基本上都能开展。

对我国肿瘤医学发展做出了卓越贡献有深远影响的学人有:金显宅、吴桓兴、李冰、吴英恺、孙燕、徐光炜、程书钧、董志伟、游伟程、郝希山等。

肿瘤医学的最新成果为:随着对肿瘤生物学理解的不断深入,科学家已经开发出一系列新型分子靶向药物,它们的问世改变了成千上万例难以治疗的癌症病患的现状。此类新型药物可靶向作用于肿瘤细胞生长、存活或扩散所必需的特异性分子或分子簇。

中山大学的肿瘤防治研究对中国的肿瘤防治研究有重要影响。

中山大学肿瘤防治中心是国内规模最大、学术力量最雄厚的肿瘤学医教研基地之一，该中心创建于1964年，原名为华南肿瘤医院、中山医学院肿瘤研究所，首任院长谢志光教授系我国临床放射学的奠基人，首任所长系我国病理学奠基人、中国科学院学部委员梁伯强教授。

谢志光的开荒牛精神一直到他晚年也未曾泯灭。在临床放射学已具备一定基础时，他又着眼于肿瘤防治工作的开展。20世纪五六十年代，肿瘤病患者数量日益增长，特别是鼻咽癌，广东是高发地区，被称为"广东瘤"。他根据鼻咽癌的临床特征，在论文《鼻咽癌500例的临床分析与临床分型》中，首次在国内外提出代表鼻咽癌发展规律的上行、下行和上下行三个分型，为鼻咽癌个体化治疗打下了基础。

1961年，他积极向广东省委建议成立肿瘤医院。当时的省委第一书记陶铸对此十分重视，省委很快同意了他的建议，于1964年正式成立了华南肿瘤医院（后改为中山医学院附属肿瘤医院），由谢志光任院长。

他首创鼻咽腔钡胶浆X线造影检查，这一方法使得放射诊断医生能立体地观察到病人的鼻咽腔，从而准确地定位肿瘤病灶，解决了鼻咽纤维镜无法准确定位病灶的瓶颈。一直到CT检查推广以前，该检查方法一直被广泛沿用推广。

今天的中山大学肿瘤防治中心（中山大学附属肿瘤医院、中山大学肿瘤研究所），是中华人民共和国成立最早的四所肿瘤医院之一。该中心是全国规模最大、学术力量最雄厚的集医疗、教学、科研、预防于一体的肿瘤学基地之一，承担国家肿瘤防治重任，在全国尤其是华南地区及港澳台的肿瘤防治工作中发挥着龙头作用，学科地位、综合实力居全国领先水平。中山大学肿瘤防治中心是国家重点学科（肿瘤学）、国家重点实验室（华南肿瘤学国家重点实验室）、教育部重点实验室、广东省重点实验室、国家新药（抗肿瘤药物）临床试验研究中心、中国中西医结合肿瘤中心、博士学位授权点、博士后科研工作流动站；是广东省癌症中心、广东省食管癌研究所、广东省抗癌协会的依托单位。主办英文学术期刊 *Chinese Journal of Cancer*（《癌症》），多次入选"百种中国杰出学术期刊"和"中国最具国际影响力学术期刊"；2014年被SCI收录，影响因子在国内被收录肿瘤学期刊中位列第一。主办国内唯一拥有国内统一刊号的肿瘤防治知识的科普报纸《防癌报》。现实际开放病床数1 488张，设有33个业务科室，8个职能处室，2个研究科室。2016年门诊量近83万人次，医疗业务量居全国肿瘤专科医院前列。医疗技术水平领先，拥有软硬件条件亚洲一流的放射治疗中心、开展多个专科手术机器人微创手术；1998 年，率先在全国推行肿瘤单病种首席专家负责制，组织制订各大病种多学科综合诊疗方案；32 项来自临床一线的研究成果得到国际公认，成为指引全球肿瘤诊疗的标准与指南；竭力为广大肿瘤病患提供个体化、最优质的诊疗服务。

中心作为我国较早建立的癌症防治研究机构，发挥临床与基础紧密结合的优势，科技影响力稳居"中国医院科技影响力排行榜"（肿瘤学）前两位。2006 年至今，共承担省部级以上课题1 132项，先后获得"973"计划首席科学家项目、"863"计划项目、国家科技支撑计划项目、国家重点研发计划项目、国家自然科学基金重大重点项目资助。

参考文献及资料

[1] 陈小卡，王斌. 中山大学医科史鉴录［M］. 广州：中山大学出版社，2016.

[2] 中山大学医学档案馆. 陈心陶：中山医科大学名人档案. 永久，MR 12-001-006卷.

[3] 中山大学医学档案馆. 陈耀真：中山医科大学名人档案. 永久，MR 13-002卷.

[4] 中山大学医学档案馆. 梁伯强：中山医科大学名人档案. 永久，MR 16-001卷.

[5] 中山大学医学档案馆. 谢志光：中山医科大学名人档案. 永久，MR 19-001-002卷.

[6] 中山大学医学档案馆. 秦光煜：中山医科大学名人档案. 永久，MR 18-001卷.

[7] 中山大学医学档案馆. 钟世藩：中山医科大学名人档案. 永久，MR 19-001-002卷.

[8] 中山大学医学档案馆. 林树模：中山医科大学名人档案. 永久，MR 21-001卷.

[9] 中山大学医学档案馆. 周寿恺：中山医科大学名人档案. 永久，MR 22-001卷.